1 Ernährung bei Diabetes mellitus

Diese Empfehlungen bitte immer mit Ernährungsberater/in, Arzt oder Diätologen/in absprechen! Die Rezepte und Zutatenlisten unterstützen die medizinischen Therapien.

Die Kalorienangaben frischer Zutaten (Obst und Gemüse) und die Inhaltsstoffe schwanken je nach Qualität und Erntezeit. Die Inhalte wurden von einer Diätologin und einer Ernährungsberaterin für die Traditionelle Chinesische Medizin (TCM) geprüft.

Autor:

©2022 Josef Miligui
Liebe Leserinnen und Leser, ich wünsche Ihnen viel Erfolg und gutes Gelingen bei der Umstellung Ihrer Ernährung. Dieses Buch wurde aus eigener Erfahrung mit Krankheit und Ernährung geschrieben und ich habe schon immer das Zubereiten guter Speisen geschätzt. Wenn Sie nicht so geübt sind im Kochen, empfiehlt sich ein Kurs bei Ernährungsberatern oder Diätologen, die Ihnen die Grundlagen der Kochmethoden sowie die richtige Verarbeitung der Zutaten vermitteln können. Anhand der Lebensmittellisten aus diesem Buch können Sie weitere Rezepte entwickeln und entdecken.

Quelle:

Die Listen werden aus der EBNS-Datenbank für die Ernährungsberatung generiert. Die Datenbank wird von Ernährungsberater, Therapeuten und Ärzte für die Beratung der Patienten/Klienten verwendet und ermöglicht eine Kombination mehrerer Syndrome.

Literaturliste:

Wir haben die Unterlagen als Wissensbasis genutzt und an unsere Erfahrungen angepasst und ergänzt.
www.ebns.at

Herstellung und Verlag:

BoD – Books on Demand, Norderstedt
ISBN: 9783837027938

AF211529

DIÄTETIK - Stoffwechsel - Diabetes mellitus
(Buch: 040)

1.1   Vorwort

Die Weltgesundheitsorganisation (WHO) davon spricht, dass bis zu 80% der Erkrankungen durch äußere Faktoren wie Ernährung, Lebensstil, Umweltgifte und dergleichen beeinflusst werden.

Welche Faktoren also jeder einzelne von uns aktiv beeinflussen kann und somit seine Chancen auf Erhöhung der allgemein Gesundheit erzielen kann, darum geht es auf den folgenden Seiten.

Der Fokus in diesem Buch liegt auf dem Faktor mit der größten Hebelwirkung - der Ernährung.
Schon Hippokrates hat einst gesagt "Lass die Nahrung deine Medizin sein und Medizin deine Nahrung!" Kräuterpädagog:innen heute sagen so: "Es gibt für jede Krankheit das richtige Kraut."

Egal wie wir es drehen und wenden, wir sind was wir essen (und was unser Essen gegessen hat). Der moderne Mensch sieht sich gerne isoliert von seiner Umwelt. Wir entstehen aus unserer Umwelt, wir leben inmitten von ihr und wenn wir sterben gehen wir wieder in unsere Umwelt über. Während wir leben essen wir das, was in unserer Umwelt wächst (oder in Fabriken chemisch erzeugt wird). Diese Nahrung liefert die Energie und Bausteine, für den eigenen Körper, für den Stoffwechsel, Zellerneuerung, den Hormonhaushalt und damit für unser gesamtes Sein, die Gesundheit und unser Empfinden.

Hier ein paar Grundbausteine, bevor in dem Buch noch näher auf Ernährungsfaktoren eingegangen wird, die sozusagen der kleinste gemeinsame Nenner der meisten Ernährungsphilosophien sind:

- Saisonalität
  - o Winterpflanzen, wie zum Beispiel verschiedene Kohlgewächse, versorgen uns mit Unmengen von Vitamin C und Bitterstoffen. Zwei Faktoren, die unser Immunsystem bei der Abwehr von der Kälte und den typischen Infekten in der Winterzeit unterstützen.

- o Sommerpflanzen wie zum Beispiel Gurken, Tomaten aber auch Zitrusfrüchte kühlen unseren aufgeheizten Körper und versorgen uns mit viel Wasser.
  - o Außerdem müssen bei saisonalen Pflanzen weniger chemische Helferlein eingesetzt werden, da die passenden Umweltfaktoren das Wachstum sowieso fördern.
- Regionalität
  - o Damit einher geht auch der Faktor der Regionalität. Regionale pflanzliche Lebensmittel werden reif geerntet und haben somit alle Nährstoffe entwickeln können. Im Gegensatz dazu wird Obst und Gemüse aus ferneren Ländern unreif geerntet und nur durch den Einsatz von chemischen Mitteln unnatürlich "nachgereift" - bzw. nur nach-gefärbt. Die Dichte der Nährstoffe und auch der Geschmack kann dabei niemals mit regionalen Lebensmitteln mithalten. (Sie haben es vielleicht schon selber erlebt, dass eine Südfrucht aus dem jeweiligen Ursprungsland dort im Urlaub viel süßer und vollmundiger schmeckt als die gleiche Frucht aus dem zentraleuropäischen Supermarkt).
- Pflanzenbasierte Ernährung
  - o Ja, diese Basis teilen selbst die Anhänger der Fleischdiät mit den Veganern. Denn bei der Fleischdiät geht es auch um Fleisch von Tieren, die sich artgerecht, sprich von vielen Gräsern und Kräutern ernährt haben. Die Masse an Getreide in der heutigen Ernährung - egal ob bei Mensch oder Tier - entspricht nicht der natürlichen Ernährungsweise. Sie macht uns krank, dick und manche behaupten sogar dumm (das weist auf die Schädigung der neuronalen Netzwerke hin, die durch den Konsum von Kohlenhydraten passiert hin). Pflanzen im Sinne von Gemüse, Kräutern, Salaten, Sprossen, in geringen Mengen Obst, Nüsse, Samen, etc. liefern neben den viel beschriebenen Vitaminen und Mineralstoffen vor allem sekundäre Pflanzenstoffe, die herausragende Heilwirkung haben. So werden eine Vielzahl unserer Medikamente auf Basis der natürlich vorkommenden Pflanzenstoffe nachgebaut. Allerdings sind da diverse Säuren und andere Wirkstoffe extrahiert und wirken nur alleine - mit den Pflanzen selbst nehmen wir sie in einer

reichhaltigen und sich gegenseitig verstärkenden Kombination vielerlei wirksamer Stoffe zu uns.

Ja zusätzlich zu diesen 3 großen Punkten gibt es immer noch sehr viel zu beachten. Ein optimales Verhältnis von Omega 3 zu Omega 6 Fettsäuren (empfohlen wird 1:3), eine individuell und situationsbedingte Eiweißversorgung und so weiter.

Eine ganz gute und einfache Richtlinie für die alltägliche Ernährung bietet der ideale Teller. Der sieht so aus, dass möglichst jede Mahlzeit zur Hälfte aus pflanzlichen Bestandteilen besteht, ein Viertel der Eiweißversorgung dient und ein Viertel die Mahlzeit durch gute Fette und eventuell Kohlenhydrate abrundet.

Die Feinjustierung rund um die Zubereitungsarten, die Zusammenstellungen und so weiter sehe ich als sehr individuell an. Es gibt meines Erachtens nicht die 1 perfekte Ernährung. Es gibt so viele großartige Philosophien und Studien, die alle wunderbare Heilungen berichten und sich dabei aber gegenseitig ausschließen. Was auf den ersten Blick vielleicht paradox wirkt, eröffnet bei näherer Betrachtung ganz viele Möglichkeiten des Probierens und neuer Chancen.

Neben der Ernährung werden noch folgende Faktoren genannt:
- die Giftstoffbelastung in unserer Umwelt sowie in Pflegeprodukten oder eben in der Ernährung
- eine Balance aus Aktivität, (kurzzeitigem) Stress und der Entspannung wie auch Schlaf
- Aufarbeitung der emotionalen Wunden aus der Vergangenheit und Steigerung der Resilienz
- Biologische Zahnheilkunde
- eine optimierte Versorgung durch Heilkräuter, Heilpilze udgl.
- Früherkennung durch bewährte und schonende Verfahren
-

1.2 Beschreibung

Diabetes mellitus ist eine Störung des Kohlenhydratstoffwechsels, wobei auch andere, zusätzliche Stoffwechselstörungen auftreten können. Ursache: Absoluter oder relativer Mangel an Insulin (Hormon des Pankreas, senkt den Blutzucker- Fehlt Insulin oder kann es die Wirkung nicht entfalten, so steigt der Blutzucker) Blutzuckerwert: Beim Gesunden: 70-120 mg-% nüchtern, bis 140-160 mg-% 2 h nach einer Mahlzeit.

Harnzucker: Nur, wenn der Blutzucker zirka 180 mg-% übersteigt
(Nierenschwelle)
Symptome treten auf: Bei Erstmanifestation oder bei schlechter
Einstellung des Stoffwechsels Symptome sind: Hyperglykämie = hohe
Blutzuckerwerte, Durst, Polyurie, Müdigkeit, Mattigkeit,
Abgeschlagenheit durch Eiweiß- und Fettverlust, Juckreiz,
Hautveränderungen, schlechte Wundheilung, Ungewollter
Gewichtsverlust, Sehstörungen, Ketoazidose
Einteilung:
Typ I(IDDM = Insulin Dependent Diabetes Mellitus, früher juveniler
Diabetes); absoluter Insulinmangel:
Typ II (NIDDM = Non Insulin Dependent Diabetes Mellitus, früher
Erwachsenen-/Altersdiabetes); Insulinresistenz mit relativem
Insulinmangel
Gestationsdiabetes: Schwangerschaftsdiabetes
Andere, meist seltene Diabetestypen wie bei Erkrankungen des
exokrinen Pankreas, z.B. fortgeschrittene Pankreatitis,
Pankreasteilresektion, etc.

1.3 Therapiestrategie

Typ I Diabetiker müssen das fehlende Insulin spritzen und je nach
verordneter Insulinmenge entsprechende Broteinheiten (BE) berechnen
und zu sich nehmen. Für die Ernährungstherapie stehen BE-
Austauschtabellen zur Verfügung, die den Umgang mit der Erkrankung
erheblich erleichtern.
Ziel in der Ernährungstherapie eines Typ II Diabetiker ist es die
Insulinausschüttung so niedrig wie möglich zu halten um gespeicherte
Energie besser umsetzen, Hungergefühle vermeiden und so die
Gewichtsabnahme fördern zu können.
Grundlage bildet daher eine gesunde, ausgewogene Mischkost nach
den 10 Regeln der DGE wobei auf leicht resorbierbare Kohlenhydrate
möglichst verzichtet werden sollte. Vollkornprodukte, reichlich Gemüse
und moderater Verzehr von Obst- und Obsterzeugnissen stehen dabei
im Vordergrund. Für beide Diabetes-Typen wird ein moderater Umgang
mit Zucker empfohlen (< 10 % der Tagesenergiemenge - nicht in reiner
– isolierter - Form). Achtung: Auch Honig besteht zu 80 % aus Zucker.
Zuckeraustauschstoffe (Fruktose, Zuckeralkohole) erhöhen den BZ
zwar langsamer, haben jedoch dieselben kcal und den gleichen Effekt
wie reiner Zucker – sie sind daher zu meiden. Künstliche Süßstoffe
haben keine kcal, sollten jedoch nicht übermäßig konsumiert werden
(ADI-Werte). Stevia-Pflanze (Süßkraut) als Süßstoff nach Rücksprache

mit dem Arzt oder Therapeuten auf eigene Gefahr verwendbar.

1.4 Vermeiden

Zucker und andere leicht resorbierbare Kohlenhydrate wie z.B.
Weißbrot, Nudeln und Reis.
Typ II Diabetiker: Kalorienreiche und fettlastige Speisen und Getränke,
da sie die notwendige Gewichtsreduktion erschweren.

2 Speiseplan

2.1 Frühstück

Apfelkuchen Vollkorn 376,0
Austernpilze mit Spargel.................................316,7
Avocado mit Zitrone..289,6
Brokkoli-Parmesan-Aufstrich auf Toastbrot....................148,4
Bulgur mit Tomaten und frischen Kräutern.....................206,3
Buntes Reisgericht...437,3
Dinkel mit Obst und Nüssen 289,7
Erfrischende Gurkensuppe mit Kartoffeln....................148,3
Fein gewürzte Zucchini mit Tomaten........................203,2
Frischkäseersatz...526,0
Frühstück – eiweißarm 555,6
Gemüse-Grieß-Suppe 198,9
Gerstenbratlinge 397,2
Grießsuppe mit Gemüse.....................................105,5
Hirse mit Birnen 213,2
Hüttenkäse mit gedünstetem Obst 214,5
Kartoffel-Basilikumsuppe 95,6
Kartoffeln mit Löwenzahnsalat 162,1
Kohlrabi in Kerbelsoße mit Kartoffeln 187,7
Kürbis-Joghurt-Suppe......................................68,2
Rosmarinkartoffeln..188,7
Tee aus Grüntee...3,0
Tee aus Rooibos...0,0
Tee aus Zimt..2,0

2.2 Jause

Feigen mit Mozzarella und Honig   415,9

2.3 Mittag

Austernpilze mit Spargel...................................316,7
Avocado mit Zitrone.......................................289,6
Bandnudeln mit Blattspinat 722,8
Bittergurke mit Tomaten-Gemüse 176,9
Bratwurst mit Sauerkraut und Kartoffelbrei................1116,5
Brokkoli-Parmesan-Aufstrich auf Toastbrot..................148,4

2.4 Abend

3 Rezepte

empfehlenswert = Sie können mehr verwenden
wenig = wenn möglich weniger verwenden
weniger als angegeben = möglichst nicht verwenden

3.1 Apfelkuchen Vollkorn

Bindet Wasser im Darm. Schont die Verdauungsorgane. Entgiftend.
Erwärmt Magen und Milz, fördert Durchblutung.

Anzahl Portionen: 8
Kalorien p. Portion 376
Gramm p. Portion 177,62
Kochdauer ca. 1 1/2 Stunden
Allergene: AC
(Kohlehydrat:64,23% / Eiweiß & Fett:35,77%)
100g. ≈: Kohlehydrat 24,1g. BE 2 Eiweiß 3,3g. Fette 10,1
Portion: ≈ Kohlehydrat 42,8g. BE 3,6 Eiweiß 5,9g. Fette 17,9
µg. - Ph:7,87 Na:2,55 Ka:16,1 Mg:1,56 Ca:1,71 Fe:0,12 Zn:0,01 Col.:0,78 Hsr.:4,3

Zutaten:
Apfel (sauer) 4-5 Stück / 800g. (ja)
Rapsöl 125 g. / 125g. (ja)
Zucker (weiß, aus Rüben) 100 g. / 100g. (wenig)
Huhn Ei 3 Stück / 180g. (ja)
Weizen Mehl Vollkorn 200 g / 200g. (ja)
Speisenatron 2 TL / 5g. ()
Zitrone Schale 1 TL / 3g. (ja)
Zimtpulver 1 Prise / 1g. (ja)
Zucker (Staubzucker) 1 EL / 7g. (wenig)

Kochanleitung:
In einer Schüssel das Rapsöl, Eier und Zucker schaumig rühren. Mehl,
Backpulver, Zimt und Zitronenschale untermischen, bis alles gut
durchgefeuchtet ist. Eine Backform mit Backpapier auslegen und den
Teig einfüllen und glatt verstreichen. Die Äpfel schälen, entkernen und
in Spalten schneiden und verteilt in den Teig drücken. Im vorgeheizten
Rohr bei 180°C ungefähr 50 Minuten backen. Nach dem Backen 5
Minuten ruhen lassen, aus der Form nehmen, auskühlen lassen. Vor
dem Servieren mit Staubzucker bestreuen.

3.2 Austernpilze mit Spargel

Baut Kräfte auf, lindert Entzündungen, fördert Verdauung, senkt Cholesterinspiegel, stärkt Nieren, baut Essenz auf, befeuchtet den Darm, regt Leberfunktion an, fördert Durchblutung, verbessert Medikamentenwirkung, regt Appetit an.

Anzahl Portionen: 4
Kalorien p. Portion 317
Gramm p. Portion 383,02
Kochdauer ca. 30 min.
Allergene: GH
(Kohlehydrat:49,87% / Eiweiß & Fett:50,13%)
100g. ≈: Kohlehydrat 7,2g. BE 0,6 Eiweiß 2,5g. Fette 4,8
Portion: ≈ Kohlehydrat 27,5g. BE 2,3 Eiweiß 9,4g. Fette 18,2
µg. - Ph:15,89 Na:1,2 Ka:61,95 Mg:4,83 Ca 6,05 Fe:0,2 Zn:0,03 Col.:0,39 Hsr.:28,42

Zutaten:
Zwiebel weiss 1 Stück / 50g. (ja)
Butter Bio 2 EL / 40g. (wenig)
Austernpilze 300 g. / 300g. (ja)
Sake 2 EL / 40g. (ja)
Petersilie 2 EL / 40g. (ja)
Walnüsse 3 EL / 60g. (ja)
Spargel (grün oder weiß) 500g. / 500g. (ja)
Salz 1 Prise / 1g. (wenig)
Zucker (weiß, aus Rüben) 1 Prise / 0,1g. (wenig)
Kartoffel 1/2 Kg. / 500g. (ja)
Salz Kräutersalz 1 Prise / 1g. (wenig)

Kochanleitung:
Bio-Kartoffeln in der Schale kochen, sonst Salzkartoffeln zubereiten. Spargel in Salzwasser mit einer Prise Zucker und Salz kochen. Um die Bitterstoffe aufzunehmen, kann ein altbackenes Brötchen mitgekocht werden. Die klein geschnittenen Zwiebeln in einer Pfanne in der Butter leicht anbraten, dann die mundgerecht geschnittenen Austernpilze zugeben und ebenfalls kurz anbraten und unter mehrmaligem Umrühren 15 Min. dünsten. Sake, Walnüsse und Petersilie zufügen und auf kleiner Flamme köcheln lassen, während Sie Kartoffeln und Spargel abgießen. Zum Schluss noch etwas Kräutersalz drüberstreuen. Wenn kein frischer Spargel verfügbar ist, kann Spargel aus Gläsern verwendet werden.

3.3 Avocado mit Zitrone

Gut bei Schlafstörungen, Entzündungen, Schwellungen, Schmerzen und Juckreiz, beruhigend.

Anzahl Portionen: 1
Kalorien p. Portion 290
Gramm p. Portion 131
Kochdauer ca. 5 Min.
(Kohlehydrat:16,54% / Eiweiß & Fett:83,46%)
100g. ≈: Kohlehydrat 4,6g. BE 0,4 Eiweiß 1,8g. Fette 21,6
Portion: ≈ Kohlehydrat 6,1g. BE 0,5 Eiweiß 2,3g. Fette 28,2
µg. - Ph:37,02 Na:5,87 Ka:469,27 Mg:29,31 Ca:11,83 Fe:0,59 Zn:0,38 Col.:0 Hsr.:29,01

Zutaten:
Avocado 1/2 Stück / 120g. (ja)
Zitrone Saft 1/2 Stück / 10g. (ja)
Salz 1 Prise / 1g. (wenig)

Kochanleitung:
Avocado halbieren, Kern entfernen, Zitronensaft hineingießen, salzen und auslöffeln.

3.4 Bandnudeln mit Blattspinat

Fördert Verdauung und Durchblutung, stärkt Magen und Darm, verbessert Bauchspeicheldrüsenfunktion. Gut bei Appetitlosigkeit, Blähungen, Darmentzündungen, Fettsucht, Magengeschwüren, Magenkrämpfen, Rheuma, Sodbrennen, Zwölffingerdarmgeschwüren.

Anzahl Portionen: 2
Kalorien p. Portion 723
Gramm p. Portion 317,5
Kochdauer ca. 45 Min.
Allergene: ACG
(Kohlehydrat:59,52% / Eiweiß & Fett:40,48%)
100g. ≈: Kohlehydrat 27,5g. BE 2,3 Eiweiß 7,2g. Fette 11,5
Portion: ≈ Kohlehydrat 87,4g. BE 7,3 Eiweiß 22,8g. Fette 36,6
µg. - Ph:63,29 Na:34,15 Ka:107,6 Mg:22,1 Ca:56,13 Fe:0,98 Zn:0,22 Col.:8,06 Hsr.:39,35

Zutaten:
Spinat 250 g. / 250g. (ja)
Salz 1 Prise / 1g. (wenig)
Nudeln (Weizen, Bandnudeln) mit Ei 200 g. / 200g. (ja)
Olivenöl 1 EL / 15g. (ja)
Zwiebel Frühlingszwiebel 1 Stück / 20g. (ja)

Sahne, süß 30% 100 ml. / 100g. (wenig)
Creme fraîche 1/2 EL / 6g. (wenig)
Thymian getrocknet 1/2 TL / 2g. (je)
Basilikum (frisch) 1/2 TL / 2g. (ja)
Oregano getrocknet 1/2 TL / 2g. (je)
Muskatnuss 1 Prise / 0,5g. (ja)
Pfeffer gemahlen 1 Prise / 0,5g. (ja)
Parmesan 20 g. / 20g. (wenig)
Pinienkerne 1 EL / 15g. (ja)
Schwarzkümmel 1 Prise / 1g. (ja)

Kochanleitung:
In einem geschlossenen Topf den tropfnassen Spinat mit etwas Salz 3
Min. zusammenfallen und in einem Sieb abtropfen lassen. Danach fein
schneiden. Bandnudeln in reichlich Salzwasser bissfest kochen. Öl in
einer beschichteten Pfanne erhitzen und in Ringe geschnittene
Jungzwiebeln darin weich dünsten. Sahne, Crème fraîche, Thymian,
Basilikum, Oregano und Muskat dazugeben. Die Soße unter Rühren
etwas einkochen lassen, Spinat untermischen und kurz erhitzen und mit
Muskat, Salz und Pfeffer abschmecken. Nudeln abgießen und
abtropfen lassen und mit dem Spinat vermischen. Bei Bedarf mit Salz
und Pfeffer nachwürzen. Nudeln portionieren und mit Parmesan und
Pinienkernen anrichten. Den Schwarzkümmel drüberstreuen.

3.5 Bittergurke mit Tomaten-Gemüse

Gegen Altersdiabetes, Verstopfung und Infektionen. Fördert
Verdauung, regt an, wärmt, ist krampflösend und appetitanregend.
Anzahl Portionen: 2
Kalorien p. Portion 177
Gramm p. Portion 274,75
Kochdauer ca. 30 Min.
Allergene: G
(Kohlehydrat:47,08% / Eiweiß & Fett:52,92%)
100g. ≈: Kohlehydrat 5,1g. BE 0,4 Eiweiß 1,3g. Fette 4,4
Portion: ≈ Kohlehydrat 14,1g. BE 1,2 Eiweiß 3,7g. Fette 12,2
µg. - Ph:20,69 Na:6,48 Ka:110,74 Mg:10,02 Ca 20,62 Fe:0,33 Zn:0,05 Col.:0,26 Hsr.:3,8

Zutaten:
Gurke (bitter) 2 Stück / 250g. (empfehlenswert)
Tomate 2 Stück / 200g. (ja)

Joghurt (natur, 3,5 % Fett) 4 EL / 40g. (wenig)
Maiskeimöl 3 EL / 20g. (ja)
Zitrone 1 Stück / 5g. (ja)
Knoblauch 4 Stück / 5g. (ja)
Ingwer frisch 10 g. / 10g. (ja)
Chili (Schote oder gemahlen) 2 g. / 2g. (ja)
Koriander 1 EL / 5g. (ja)
Kardamom 1 EL / 5g. (ja)
Cumin (Kreuzkümmel) 1 EL / 5g. (ja)
Safran 1 g. / 1g. (ja)
Salz 1 Prise / 1g. (wenig)
Pfeffer gemahlen 1 Prise / 0,5g. (ja)

Kochanleitung:
Die Bittergurken halbieren, entkernen, zuerst in Streifen und dann in
kleine Würfel schneiden. Tomaten würfelig und die Chilischote in dünne
Ringe schneiden. Knoblauch und Ingwer schälen und fein schneiden.
Die Bittergurken in einem Topf mit Öl unter Rühren anbraten. Tomaten,
Knoblauch, Ingwer und Salz zufügen und 15 Min. köcheln lassen. Die
Gewürze und den Zitronensaft unterrühren. Dazu passt Reis oder
Kartoffeln.

3.6   Bratwurst mit Sauerkraut und Kartoffelbrei

Sauerkraut wirkt leicht abführend.
Anzahl Portionen: 2
Kalorien p. Portion   1.117
Gramm p. Portion   718,5
Kochdauer ca.   45 Min.
Allergene: AGLM
(Kohlehydrat:37,1% / Eiweiß & Fett:62,9%)
100g. ≈: Kohlehydrat 13,1g. BE 1,1 Eiweiß 11,2g. Fette 11,1
Portion: ≈ Kohlehydrat 94,2g. BE 7,9 Eiweiß 80,1g. Fette 79,6
µg. - Ph:37,67 Na:22,13 Ka:76,52 Mg:9,7 Ca:15,4 Fe:0,33 Zn:0,24 Col.:8,12 Hsr.:32,02

Zutaten:
Kartoffel 250 g. / 250g. (ja)
Salz 2 tl / 8g. (wenig)
Sauerkraut 500 g. / 480g. (ja)
Kümmel 1 TL / 2g. (ja)
Zucker (weiß, aus Rüben) 2 TL / 8g. (wenig)
Schwein Bratwurst 600 g. / 580g. (wenig)
Kuhmilch (1,5 % Fett) 1 Tasse / 100g. (ja)
Butter (halbfett) 2 TL / 6g. (ja)
Sonnenblumenöl 1 TL / 3g. (ja)

Kochanleitung:

Kartoffelbrei: Die Kartoffeln schälen, in kleine Würfel schneiden und in Salzwasser gar kochen. Dann abgießen und die Würfel stampfen. Nun mit der Milch und der Butter verrühren und mit Muskat abschmecken. Den Kartoffelbrei warm stellen. Sauerkraut: Das Sauerkraut mit Kümmel gewürzt und etwas Zucker auf kleiner Kochstufe weich kochen. Zum Schluss mit einer geriebenen mittelgroßen rohen Kartoffel etwas binden. Bratwürste: Zum Schluss noch die Bratwürste in einer Pfanne mit wenig Öl braten.

3.7 Brokkoli-Parmesan-Aufstrich auf Toastbrot

Fördert Blutgerinnung, Schilddrüsenfunktion und Eigenaufbau von Vitamin B12. Immun- und abwehrsteigernd, löst Stagnation. Gut bei Aufstoßen, Diabetes, akuter oder chronischer Verstopfung, Appetitlosigkeit.

Anzahl Portionen: 2
Kalorien p. Portion 148
Gramm p. Portion 170,65
Kochdauer ca. 15 Min.
Allergene: AG
(Kohlehydrat:29,11% / Eiweiß & Fett:70,89%)
100g. ≈: Kohlehydrat 5,6g. BE 0,5 Eiweiß 7,1g. Fette 6,6
Portion: ≈ Kohlehydrat 9,6g. BE 0,8 Eiweiß 12,1g. Fette 11,3
µg. - Ph:69,53 Na:54,69 Ka:120,29 Mg:11,52 Ca:80 Fe:0,47 Zn:0,19 Col.:1,88 Hsr.:12,16

Zutaten:

Brokkoli 200 g / 200g. (ja)
Topfen (Quark) 20% 80 g. / 80g. (ja)
Joghurt (natur, 1,5 % Fett) 1 EL / 10g. (ja)
Parmesan 2 EL / 15g. (wenig)
Zitrone Schale 1/2 TL / 1g. (ja)
Basilikum (frisch) 1 EL / 5g. (ja)
Lauchzwiebel Schnittlauch 1 EL / 5g. (ja)
Salz 1 Prise / 1g. (wenig)
Pfeffer gemahlen 1 Prise / 0,3g. (ja)
Toastbrot (Vollkorn) 6 Scheiben / 24g. (ja)

Kochanleitung:

Brokkoli zugedeckt in einem Siebeinsatz über Wasserdampf in 8 Min. bissfest garen und fein hacken. Quark, Joghurt, Parmesan und Zitronenschale gut verrühren und mit dem Brokkoli, Basilikum und Schnittlauch vermischen. Den Aufstrich mit Salz und Pfeffer abschmecken und auf dem knusprig getoasteten Brot servieren.

3.8 Bulgur mit Tomaten und frischen Kräutern

Fördert Verdauung, hilft Fett zu verdauen, harntreibend, senkt Blutdruck, zieht Adern zusammen, vergrößert Herzkranzgefäße, zieht Gebärmutter zusammen.

Anzahl Portionen: 1
Kalorien p. Portion 206
Gramm p. Portion 244,5
Kochdauer ca. 30 min.
Allergene: A
(Kohlehydrat:70,75% / Eiweiß & Fett:29,25%)
100g. ≈: Kohlehydrat 36,7g. BE 3,1 Eiweiß 6,1g. Fette 9,1
Portion: ≈ Kohlehydrat 89,7g. BE 7,5 Eiweiß 14,9g. Fette 22,2
µg. - Ph:136,23 Na:6,26 Ka:255,62 Mg:48,12 Ca:20,08 Fe:1,82 Zn:1,3 Col.:0,08 Hsr.:78,7

Zutaten:
Bulgur (Getreide) 1 Tasse / 120g. (ja)
Tomate 2 Stück / 70g. (ja)
Rucola Rauke 2 EL / 16g. ()
Paprika (Rosenpaprikapulver) 1 Prise / 2g. (ja)
Olivenöl 2 EL / 20g. (ja)
Pfeffer gemahlen 1 Prise / 0,5g. (ja)
Salz 1 Prise / 1g. (wenig)
Basilikum 4 Blätter / 2g. (ja)
Thymian 1 Zweig / 3g. (ja)
Zitrone Saft 1/2 Stück / 10g. (ja)

Kochanleitung:
Kaltes Wasser in einem Topf aufsetzen, Bulgur hineinstreuen und gar köcheln. Kleingeschnittene Tomaten, frische Kräuter wie Basilikum und Thymian, Rucola, eine Prise Rosenpaprika, Zitronensaft, einen Schuss Olivenöl, etwas gemahlenen Pfeffer und etwas Salz unterrühren. Empfehlung: Ideale Morgenmahlzeit im Sommer, aber auch gut geeignet als Abendmahlzeit, insbesondere bei Schlafstörungen.

3.9 Buntes Reisgericht

Stärkt Immunsystem, Milz, Magen, Blut, Muskeln, Sehnen und Knochen, fördert Verdauung, hilft Fett zu verdauen, harntreibend, senkt Blutdruck, löst Stagnation, gut gegen Diabetes.

Anzahl Portionen: 3
Kalorien p. Portion 437
Gramm p. Portion 342,67
Kochdauer ca. 45 Min.
Allergene: L
(Kohlehydrat:63% / Eiweiß & Fett:37%)
100g. ≈. Kohlehydrat 13,3g. BE 1,1 Eiweiß 5g. Fette 3

Portion: ≈ Kohlehydrat 45,7g. BE 3,8 Eiweiß 17g. Fette 10,2
µg. - Ph:7,97 Na:4,89 Ka:17,25 Mg:6,38 Ca:18,08 Fe:0,14 Zn:0,11 Col.:1 Hsr.:5,14

Zutaten:
Olivenöl 2 TL / 20g. (ja)
Zwiebel Frühlingszwiebel 1 Stück / 20g. (ja)
Rind Fleisch 125 g. / 125g. (ja)
Reis Vollkorn 80 g. / 80g. (ja)
Grundrezept für eine Gemüsebrühe 300 ml. / 300g. (ja)
Sellerie Knolle 50 g. / 50g. (ja)
Lauch (Porree) 1 Stück / 100g. (ja)
Bohnen (grün, frisch) 150 g. / 150g. (ja)
Karotte (Mohrrübe, Möhre) 1 Stück / 70g. (ja)
Tomate 2 Stück / 100g. (ja)
Salz 1 Prise / 0,5g. (wenig)
Pfeffer gemahlen 1 Prise / 0,2g. (ja)
Paprika (Rosenpaprikapulver) 1 Prise / 0,5g. (ja)
Kräuter verschiedene 2 EL / 12g. (ja)

Kochanleitung:
Lauch und Karotten waschen, putzen und kleinschneiden. Sellerie
würfeln, Tomaten in Scheiben schneiden. In einer großen, tiefen Pfanne
Öl erhitzen und die kleingeschnittene Zwiebel zusammen mit dem
Hackfleisch darin anbraten. Naturreis und vorbereitetes Gemüse
(Sellerie, Lauch, Bohnen, Möhre, Tomaten) dazugeben und kurz mit
andünsten. Mit Salz, Pfeffer und Paprika würzen, Gemüsebrühe
hinzufügen, aufkochen lassen und bei geringer Hitze ca. 20 bis 30 Min.
bei kleiner Hitze und geschlossenem Deckel garen lassen. Mit frischen
gehackten Kräutern bestreuen und servieren.

3.10 Champignonsalat mit Kresse

Fördert die Durchblutung und die Verdauung, kuriert Bluthochdruck und
Appetitlosigkeit.
Anzahl Portionen: 1
Kalorien p. Portion 220
Gramm p. Portion   312,6
Kochdauer ca.   5 Min.
Allergene: AN
(Kohlehydrat:55,75% / Eiweiß & Fett:44,25%)
100g. ≈: Kohlehydrat 6,8g. BE 0,6 Eiweiß 3,1g. Fette 2,3
Portion: ≈ Kohlehydrat 21,2g. BE 1,8 Eiweiß 9,7g. Fette 7,1
µg. - Ph:104,9 Na:37,3 Ka:365,3 Mg:14,17 Ca:18,94 Fe:1,08 Zn:0,41 Col.:0,02 Hsr.:60,1

Zutaten:
Champignon 250 g. / 250g. (ja)
Sesamöl 2 EL / 6g. (ja)
Pfeffer gemahlen 1 Prise / 0,5g. (ja)
Salz 1 Prise / 1g. (wenig)
Zitrone 1/2 Stück / 15g. (ja)
Paprika (Rosenpaprikapulver) 2 Prisen / 0,1g. (ja)
Kresse 2 EL / 10g. (ja)
Weißbrot (Weizenbrot) 2 Scheiben / 30g. (wenig)

Kochanleitung:
Champignons feinblättrig schneiden. Dressing: Sesamöl, etwas
gemahlenen Pfeffer, Salz, reichlich Zitronensaft und Rosenpaprika gut
verrühren. Über die fein geschnittenen Champignons geben und
reichlich Kresse untermengen. Dazu passt: Weißbrot, Rundkornreis
oder Quinoa. Zusammen mit dem Getreide ergibt der Salat eine
einfache und leichte Mahlzeit.

3.11 Dinkel mit Obst und Nüssen

Regt Appetit an, stoppt Durchfall, fördert Verdauung, lindert Müdigkeit,
ist stoffwechselregulierend, senkt Blutzucker und Cholesterin,
entzündungshemmend im Magen-Darm-Trakt.

Anzahl Portionen: 3
Kalorien p. Portion 290
Gramm p. Portion 286,33
Kochdauer ca. 1 1/2 Stunden
Allergene: AH
(Kohlehydrat:76,15% / Eiweiß & Fett:23,85%)
100g. ≈: Kohlehydrat 17,1g. BE 1,4 Eiweiß 3g. Fette 2,3
Portion: ≈ Kohlehydrat 48,9g. BE 4,1 Eiweiß 8,6g. Fette 6,7
µg. - Ph:29,11 Na:26,44 Ka:76,58 Mg:10,58 Ca:8,51 Fe:0,41 Zn:0,02 Col.:0 Hsr.:8,89

Zutaten:
Dinkel 1 Tasse / 120g. (ja)
Wasser 1 Tasse / 50g. (ja)
Apfel (süß) 1 Stück / 220g. (wenig)
Aprikose 1 Stück / 200g. (ja)
Pfirsich 1 Stück / 120g. (ja)
Zimtpulver 1 Prise / 1g. (ja)
Kardamom 1 Prise / 1g. (ja)
Salz 1 Prise / 1g. (wenig)
Erdbeere 1 Tasse / 120g. (ja)
Mandelmus 1 EL / 15g. (ja)
Kakao 1 Prise / 1g. (ja)

Walnüsse 1 EL / 10g. (ja)

Kochanleitung:
Dinkel in heißem Wasser aufsetzen und gar kochen. Danach: Süßes,
kleingeschnittenes Obst (Äpfel, Aprikosen, Pfirsiche) in wenig heißem
Wasser mit etwas Zimt kurz andünsten. Gemahlenen Kardamom
und/oder Koriander, eine kleine Prise Salz, den gekochten Dinkel und
evtl. Erdbeeren (nach Jahreszeit) dazugeben und erhitzen. Mit Kakao
und gerösteten Nüssen überstreuen.

3.12 Erfrischende Gurkensuppe mit Kartoffeln

Harntreibend, entgiftend, unterdrückt Umwandlung von Zucker in Fett,
senkt Cholesterinspiegel, beugt Krebs vor, lindert Entzündungen,
verbessert Verdauung, löst Stagnation, fördert Durchblutung, fördert
Appetit.

Anzahl Portionen: 3
Kalorien p. Portion 148
Gramm p. Portion 307,33
Kochdauer ca. 15 Min
Allergene: GN
(Kohlehydrat:70% / Eiweiß & Fett:30%)
100g. ≈: Kohlehydrat 7g. BE 0,6 Eiweiß 1,3g. Fette 1,7
Portion: ≈ Kohlehydrat 21,6g. BE 1,8 Eiweiß 3,9g. Fette 5,1
µg. - Ph:3,72 Na:0,77 Ka:23,54 Mg:1,43 Ca:2 Fe:0,05 Zn:0,02 Col.:0 Hsr.:1,19

Zutaten:
Sesamöl 1 EL / 10g. (ja)
Kartoffel 4 Stück / 300g. (ja)
Zwiebel Frühlingszwiebel 3 Stück / 60g. (ja)
Pfeffer gemahlen 1 Prise / 0,5g (ja)
Muskatnuss 1 Prise / 1g. (ja)
Salz 1 Prise / 1g. (wenig)
Zitrone 1/2 Stück / 25g. (ja)
Gurke 2 Stück / 500g. (ja)
Sahne, süß 30% 1 EL / 10g. (wenig)
Dill 1 EL / 15g. (ja)

Kochanleitung:
Kleingeschnittene Kartoffeln und reichlich Frühlingszwiebeln in Sesamöl
anbraten und mit Pfeffer, etwas Muskat, Salz und Zitronensaft würzen.
Heißes Wasser und gewürfelte Salatgurke dazugeben, ca. 10 Min.
dünsten und danach pürieren. Etwas süße Sahne nach Belieben und
frischen Dill zufügen. Variante: Etwas Chili, Oregano, Thymian oder
Rosmarin dazugeben, um die abkühlende Wirkung zu mildern.

3.13 Exotisches Linsengericht

Stärkt Herz und Nieren, harntreibend, beruhigt den Magen, fördert Verdauung, löst Stagnation, hilft Fett zu verdauen, senkt Blutdruck, entgiftet, stimuliert das Immunsystem.

Anzahl Portionen: 4
Kalorien p. Portion 144
Gramm p. Portion 273,38
Kochdauer ca. 45 Min.
Allergene: NO
(Kohlehydrat:71,01% / Eiweiß & Fett:28,99%)
100g. ≈: Kohlehydrat 8,3g. BE 0,7 Eiweiß 2,1g. Fette 1,3
Portion: ≈ Kohlehydrat 22,7g. BE 1,9 Eiweiß 5,8g. Fette 3,5
µg. - Ph:13,56 Na:11,59 Ka:48,35 Mg:8,52 Ca:8,91 Fe:0,27 Zn:0,02 Col.:0 Hsr.:13,4

Zutaten:
Sesamöl 1 EL / 10g. (ja)
Zwiebel weiss 2 Stück / 120g. (ja)
Ingwer frisch 1/2 TL / 2g. (ja)
Thymian getrocknet 1/2 TL / 1g. (ja)
Cumin (Kreuzkümmel) 1/2 TL / 2g. (ja)
Linsen rot 1 Tasse / 120g. (ja)
Wakame 3 cm / 1g. (ja)
Zitrone 1/2 Stück / 20g. (ja)
Bocksdornfrüchte (Fructus Lycii) getrocknet 2 Prisen / 2g. (ja)
Zucker Ursüße (Zuckerrohr) süß 1 Prise / 1g. (wenig)
Chili (Schote oder gemahlen) 1 Prise / 0,5g. (ja)
Salz 1 Prise / 1g. (wenig)
Essig (Apfelessig) 1/2 TL / 1g. (ja)
Tomate 1 Stück / 50g. (ja)
Mangold 200 g / 200g. (wenig)
Blumenkohl (Karfiol) 200 g / 200g. (ja)
Salz 1 Prise / 1g. (wenig)
Reis Vollkorn 1/2 Tasse / 60g. (ja)
Wasser 3 Tassen / 300g. (ja)
Salz 1 Prise / 1g. (wenig)

Kochanleitung:
Sesamöl in einem Topf erhitzen. Kleingeschnittene Zwiebeln, geriebenen Ingwer, getrockneten Thymian und reichlich Cumin zugeben und leicht anbraten. Geschälte rote Linsen, einen Streifen Wakame, etwas Zitronensaft, heißes Wasser und etwas getrocknete Bocksdornfrüchte dazugeben. 20 Min. köcheln lassen, bis die Linsen gar sind. Heißes Wasser nach Belieben nachgießen, so dass ein Brei entsteht. Vollrohrzucker, etwas Chili und Salz zufügen und mit Essig

oder Zitronensaft abschmecken. Kleingeschnittene Tomate dazugeben und einige Minuten durchziehen lassen. Den Blumenkohl in einem kleinen Topf mit 1 Tasse Wasser und etwas Salz 10 Min. weich kochen. Den Mangold in einem kleinen Topf mit 1 Tasse Wasser und Salz 3 Min. blanchieren. Reis kurz aufkochen, salzen und 10 Min. ziehen lassen. Alles zusammen mit dem Linsengericht anrichten.

3.14 Feigen mit Mozzarella und Honig

Lindert Entzündungen, Blähungen, Schmerzen und Übelkeit, entkrampfend und beruhigend, entgiftend, bakterizid, stillt Blutungen, stärkt Magen und Verdauungssystem.

Anzahl Portionen: 1
Kalorien p. Portion 416
Gramm p. Portion 248,1
Kochdauer ca. 10 Min.
Allergene: GO
(Kohlehydrat:51,96% / Eiweiß & Fett:48,04%)
100g. ≈: Kohlehydrat 15,6g. BE 1,3 Eiweiß 5,3g. Fette 9,1
Portion: ≈ Kohlehydrat 38,7g. BE 3,2 Eiweiß 13,2g. Fette 22,6
µg. - Ph:84,57 Na:105,1 Ka:195,7 Mg:16,03 Ca:153,3 Fe:0,55 Zn:0,5 Col.:9,27 Hsr.:6,05

Zutaten:
Feige 4 Stück / 100g. (ja)
Mozzarella 1 Stück / 50g. (ja)
Basilikum (frisch) 1/2 Bund / 50g. (ja)
Honig 2 EL / 24g. (wenig)
Pfeffer gemahlen 1 Prise / 0,1g. (ja)
Traubenkernöl 1 EL / 12g. (ja)
Essig Aceto Balsamico weiss 1 EL / 12g. (ja)

Kochanleitung:
Frische Feigen vierteln, Büffelmozzarella in Würfel schneiden und Basilikumblätter abzupfen. Aus hellem Balsamico-Essig, Traubenkernöl und Honig ein Dressing anrühren und abschmecken. Am Rand entsprechender Teller die Feigen platzieren. Die Mozzarellawürfel verteilen und mit schwarzem Pfeffer würzen. Reichlich ganze oder grob in Streifen geschnittene Basilikumblätter darüber verteilen und mit der Marinade benetzen. Gewürztes Pizzabrot passt hervorragend dazu.

3.15 Fein gewürzte Zucchini mit Tomaten

Harntreibend, fördert Verdauung, hilft Fett zu verdauen, senkt
Blutdruck, löst Stagnation, antioxidativ, erwärmt den Körper von innen,
erweitert die Gefäße.

Anzahl Portionen: 4
Kalorien p. Portion   203
Gramm p. Portion   396,5
Kochdauer ca.   10 Min.
(Kohlehydrat:71,84% / Eiweiß & Fett:28,16%)
100g. ≈: Kohlehydrat 7,7g. BE 0,6 Eiweiß 1,4g. Fette 1,7
Portion: ≈ Kohlehydrat 30,6g. BE 2,6 Eiweiß 5,4g. Fette 6,6
µg. - Ph:10,4 Na:0,79 Ka:35,33 Mg:6,3 Ca:5,58 Fe:0,26 Zn:0,02 Col.:0 Hsr.:5,53

Zutaten:
Olivenöl 1 EL / 20g. (ja)
Zwiebel weiss 2 Stück / 120g. (ja)
Zucchini 4 Stück / 800g. (ja)
Oregano getrocknet 1 Prise / 1g. (ja)
Basilikum (frisch) 6-8 Blatt / 3g. (ja)
Salz 1 Prise / 1g. (wenig)
Tomate 2 Stück / 120g. (ja)
Reis Vollkorn 1 Tasse / 120g. (ja)
Wasser 6 Tassen / 400g. (ja)
Salz 1 Prise / 1g. (wenig)

Kochanleitung:
Fein geschnittene Zwiebeln und klein geschnittene Zucchini in Olivenöl
in einer Pfanne anbraten, bis sie halb gar sind und reichlich
getrockneten Oregano dazugeben. Salzen und klein geschnittene
Tomaten einige Minuten mitdünsten, bis die Zucchini gar, aber noch
knackig sind. Mit frischem Basilikum anrichten. Variante: Über die
Tomaten etwas Schafskäse geben und mit geschlossenem Deckel zu
Ende garen. Den Reis im gesalzenen Wasser aufsetzen, aufkochen
lassen und bei kleiner Hitze ca. 15 Min. quellen lassen.

3.16 Fenchel mit gerösteten Walnüssen

Stärkt Magen, entgiftet, lindert Entzündungen, verbessert Durchblutung,
verbessert Medikamentenwirkung, regt Appetit an, antioxidativ, fördert
Verdauung, regt an, löst Stagnation.

Anzahl Portionen: 4
Kalorien p. Portion   342
Gramm p. Portion   336,25
Kochdauer ca.   20 Min.

Allergene: HO
(Kohlehydrat:54,13% / Eiweiß & Fett:45,87%)
100g. ≈: Kohlehydrat 8,8g. BE 0,7 Eiweiß 2,6g. Fette 4,9
Portion: ≈ Kohlehydrat 29,7g. BE 2,5 Eiweiß 8,8g. Fette 16,4
µg. - Ph:12,18 Na:13,51 Ka:80,99 Mg:8,92 Ca:17,54 Fe:0,45 Zn:0,02 Col.:0 Hsr.:3,52

Zutaten:
Fenchel 4 Stück / 800g. (ja)
Muskatnuss 1 Prise / 1g. (ja)
Ingwer frisch 1/2 TL / 1g. (ja)
Salz 1 Prise / 1g. (wenig)
Weißwein 1/8 Liter / 125g. (wenig)
Paprika (Rosenpaprikapulver) 1 Prise / 1g. (ja)
Olivenöl 2 EL / 40g. (ja)
Walnüsse 2 EL / 35g. (ja)
Wasser 2 Tassen / 220g. (ja)
Mais Gries (Polenta) 1 Tasse / 120g. (ja)
Salz 1 Prise / 1g. (wenig)

Kochanleitung:
Ganz wenig Wasser in einem Topf erhitzen. In Streifen geschnittenen
Fenchel kurz darin andünsten. Muskat, etwas geriebenen Ingwer, Salz,
einen Schuss Weißwein und Rosenpaprika zugeben und solange
dünsten, bis das Gemüse gar, aber noch knackig ist. Etwas Olivenöl
unterrühren und mit gerösteten Walnüssen bestreuen. Die Polenta in
einen Topf mit heißem Wasser unter ständigem Rühren einrieseln
lassen, bis die Polenta die gewünschte Konsistenz hat und dann
salzen. Die Polenta vom Herd nehmen und ca. 10 Min. quellen lassen.

3.17 Fenchel-Kartoffel-Auflauf

Lindert Entzündungen, verbessert Durchblutung, verbessert
Verdauung, harntreibend, senkt Cholesterinspiegel. Gut bei
Appetitlosigkeit, Blähungen, Darmentzündungen, Sodbrennen. Stärkt
Magensaftproduktion.
Anzahl Portionen: 2
Kalorien p. Portion 147
Gramm p. Portion   230,5
Kochdauer ca.   1 1/2 Stunden
Allergene: CGL
(Kohlehydrat:68% / Eiweiß & Fett:32%)
100g. ≈: Kohlehydrat 10,3g. BE 0,9 Eiweiß 2,5g. Fette 2,4
Portion: ≈ Kohlehydrat 23,8g. BE 2 Eiweiß 5,7g. Fette 5,4
µg. - Ph:15 Na:12,98 Ka:80,91 Mg:13,52 Ca:40,41 Fe:0,41 Zn:0,09 Col.:7,81 Hsr.:3,64

Zutaten:
Fenchel 200 g. / 200g. (ja)
Kartoffel 125 g. / 125g. (ja)
Grundrezept für eine Gemüsebrühe 100 ml. / 100g. (ja)
Butter Bio 1 TL / 3g. (wenig)
Reismehl 2 TL / 6g. (ja)
Sahne sauer 10% 1 TL / 3g. (ja)
Salz 1 Prise / 1g. (wenig)
Zucker Ursüße (Zuckerrohr) süß 1 Prise / 1g. (wenig)
Huhn Eigelb 1 Stück / 10g. (ja)
Pfeffer Cayenne 1 Prise / 0,5g. (ja)
Muskatnuss 1 Prise / 0,5g. (ja)
Petersilie 1 TL / 2g. (ja)
Lauchzwiebel Schnittlauch 1 TL / 3g. (ja)
Parmesan 1 TL / 3g. (wenig)
Butter Bio 1 TL / 3g. (wenig)

Kochanleitung:
Kartoffeln in der Schale kochen, abkühlen lassen und dann schälen.
Fenchel waschen, Stiele abschneiden und evtl. äußere Blätter
entfernen. Fenchelgrün zurückhalten und später mit den anderen
Kräutern zur Soße geben. Fenchelknollen ca. 15-20 Min. dünsten.
Danach Kartoffeln und Fenchel in Scheiben schneiden und
schichtweise in eine gefettete Auflaufform geben. Flüssigkeit aus
Fenchelbrühe zum Kochen bringen und mit Mehl binden. Mit Meersalz,
Cayennepfeffer, Zucker, Muskat und saurer Sahne abschmecken.
Abkühlen lassen und mit Eigelb legieren. Die Soße über den Auflauf
verteilen, mit Parmesan, fein gehackter Petersilie und Schnittlauch
bestreuen. Alles 30 Min. bei ca. 200 Grad im Backofen überbacken.

3.18 Frischkäseersatz

Gut bei Laktoseintoleranz. Gut bei Abwehrschwäche, Appetitlosigkeit,
Arteriosklerose, Blähungen, Blasenschwäche, Blutarmut,
Bluthochdruck, Depressionen, Diabetes, Durchfall. Stärkt
Körperenergie, fördert Verdauung und Gewichtsabnahme.
Anzahl Portionen: 2
Kalorien p. Portion 526
Gramm p. Portion   328
Kochdauer ca.   20 Min.
Allergene: AE
(Kohlehydrat:63,78% / Eiweiß & Fett:36,22%)
100g. ≈: Kohlehydrat 17,4g. BE 1,4 Eiweiß 6g. Fette 3,9
Portion: ≈ Kohlehydrat 57g. BE 4,8 Eiweiß 19,6g. Fette 12,8
µg. - Ph:65,08 Na:279,5 Ka:111,2 Mg:19,5 Ca:10,63 Fe:0,82 Zn:0,33 Col.:0 Hsr.:32,32

Zutaten:
Sojabohnenmilch 1 Liter / 300g. (ja)
Zitrone 1 Stück / 50g. (ja)
Kräuter verschiedene 2 EL / 6g. (ja)
Vollkornbrot 6 Scheiben / 300g. (ja)

Kochanleitung:
Sojamilch in einen Topf geben, unter gelegentlichem Rühren (brennt leicht an!) zum Kochen bringen und abkühlen lassen. Zitrone auspressen, leicht unter die abgekühlte Sojamilch (ca. 80 Grad) rühren und ca. 20 Min. ruhen bzw. gerinnen lassen. Geronnene Sojamilch durch ein mit dem Geschirrtuch ausgelegtes Sieb gießen, Flüssigkeit ablaufen lassen und danach Restflüssigkeit mit dem Geschirrtuch auspressen. Nach Geschmack mit frischen Kräutern verfeinern. Dazu Vollkornbrot servieren.

3.19 Frühstück – eiweißarm

Regt Appetit an, entgiftet, erhöht Blutzucker, harmonisiert Herz-Rhythmus. Gut bei Erbrechen, Ernährungsstörungen, Durchfallerkrankungen und Verdauungsstörungen.

Anzahl Portionen: 1
Kalorien p. Portion 556
Gramm p. Portion   320
Kochdauer ca.   10 Min.
Allergene: GO
(Kohlehydrat:69,63% / Eiweiß & Fett:30,37%)
100g. ≈: Kohlehydrat 22,5g. BE 1,9 Eiweiß 1,4g. Fette 8,4
Portion: ≈ Kohlehydrat 72g. BE 6 Eiweiß 4,6g. Fette 26,8
µg. - Ph:104,66 Na:231,31 Ka:55,47 Mg:5,94 Ca:24,28 Fe:0,28 Zn:0,23 Col.:15,01
Hsr.:48,75

Zutaten:
Brot mit Johannisbrotkernmehl 80 g. / 80g. (ja)
Butter Bio 20 g. / 20g. (wenig)
Aprikosen Marmelade 30 g. / 30g. (wenig)
Frischkäse mit Kräuter 30 g. / 30g. (ja)
Kaffee 150 ml. / 150g. (ja)
Zucker (weiß, aus Rüben) 10 g. / 10g. (wenig)

Kochanleitung:
Kaffee je nach Geschmack zubereiten, Frischkäse - wenn möglich - mit frischen Kräutern selbst zubereiten.

3.20 Gefüllte Paprika mit Erbsen

Fördert Verdauung, reguliert Wasserstoffwechsel, stärkt Immunsystem, stärkt Magen, löst Stagnation, stärkt Muskeln.

Anzahl Portionen: 2
Kalorien p. Portion 377
Gramm p. Portion 403,3
Kochdauer ca. 1 Stunde
Allergene: AGL
(Kohlehydrat:76,12% / Eiweiß & Fett:23,88%)
100g. ≈: Kohlehydrat 16,8g. BE 1,4 Eiweiß 2,1g. Fette 3,2
Portion: ≈ Kohlehydrat 67,9g. BE 5,7 Eiweiß 8,3g. Fette 13
µg. - Ph:20,82 Na:9,3 Ka:49,95 Mg:25,71 Ca:75,24 Fe:0,36 Zn:0,07 Col.:1,49 Hsr.:13,87

Zutaten:
Paprika 2 Stück / 300g. (ja)
Salz 1 Prise / 0,2g. (wenig)
Grundrezept für eine Gemüsebrühe 300 g. / 200g. (ja)
Reis Sorte beliebig 100 g. / 100g. (ja)
Zwiebel weiss 1 Stück / 100g. (ja)
Rapsöl 2 EL / 6g. (ja)
Erbsen 2 EL / 15g. (ja)
Salz 1 Prise / 0,2g. (wenig)
Pfeffer gemahlen 1 Prise / 0,2g. (ja)
Grundrezept für eine Gemüsebrühe 200 g / 50g. (ja)
Brösel (Weizenbrot, Semmel) 2 EL / 15g. (ja)
Butter Bio 20 g. / 20g. (wenig)

Kochanleitung:
Reis in der Brühe kochen. Paprika halbieren und salzen. Die gewürfelten Zwiebel mit dem Öl anbraten und mit Reis und Erbsen mischen. Die Paprika damit füllen und mit Semmelbrösel betreuen und Buterflocken darauf legen. Die Gemüsebrühe und die Paprika in eine Auflaufform geben und bei 180°C backen.
Dazu passen Béchamelsauce, Sauerrahm oder Frischkäse.

3.21 Gegrillte Lachssteaks mit Blumenkohl und Kartoffeln

Verbessert Verdauung, regeneriert Haut, harntreibend, senkt Cholesterinspiegel.

Anzahl Portionen: 4
Kalorien p. Portion 330
Gramm p. Portion   386,75
Kochdauer ca.   30 Min.
Allergene: D
(Kohlehydrat:33,29% / Eiweiß & Fett:66,71%)
100g. ≈: Kohlehydrat 7,4g. BE 0,6 Eiweiß 8,6g. Fette 6,2
Portion: ≈ Kohlehydrat 28,6g. BE 2,4 Eiweiß 33,2g. Fette 24,1
µg. - Ph:30,11 Na:5,8 Ka:86,95 Mg:5,42 Ca:3,88 Fe:0,18 Zn:0,03 Col.:0,71 Hsr.:18,95

Zutaten:
Knoblauch 1 Zehe / 1g. (ja)
Zwiebel Schalotte 1/2 Stück / 5g. (ja)
Zitrone Saft 1 Spritzer / 1g. (ja)
Salz 1 Prise / 1g. (wenig)
Blumenkohl (Karfiol) 1 Stück / 500g. (ja)
Olivenöl 2 EL / 20g. (ja)
Knoblauch 1 Zehe / 1g. (ja)
Wasser 1/4 Tasse / g. (ja)
Petersilie 3 EL / 15g. (ja)
Kartoffel 500 g. / 500g. (ja)
Salz 1 Prise / 1g. (wenig)
Lachs 4 Stück (Steaks) / 500g. (ja)
Zitrone 1/2 Stück / 2g. (ja)

Kochanleitung:
Knoblauch-Schalotten-Mischung: Knoblauch fein zerdrücken, Schalotten fein hacken, einen Spritzer Zitronensaft und Salz dazugeben und verrühren. Mit wenig Öl zu einer Paste verrühren. Blumenkohl: Den Blumenkohl in halbwegs gleichmäßige Stücke zerteilen. In einem schweren Topf das Öl erhitzen und den zerdrückten Knoblauch kurz anbraten. Die Blumenkohlstücke hineingeben und im Öl wenden. Etwas Wasser zugießen und so lange kochen, bis der Blumenkohl bissfest ist. Den Blumenkohl abseihen und das restliche Wasser einkochen lassen, bis eine dicke Soße übrigbleibt. Blumenkohl wieder dazugeben und mit einem Holzlöffel grob zerdrücken. Die gehackte Petersilie und Salz hinzugeben. Kartoffeln: In einem Topf mit viel Wasser die Kartoffeln weich kochen, abseihen und schälen .Lachssteak: Den Backofen bei ca. 180 Grad vorheizen. Die Lachsscheiben mit der Knoblauch-Schalotten-Mischung einreiben und so dicht wie möglich an der

Wärmequelle jeweils 4 bis 8 Min. von beiden Seiten grillen. Sie sind fertig, wenn sich beim Einstechen mit einer Gabel das Fleisch leicht teilen lässt. Alles anrichten und mit Zitronenscheiben und der gehackten Petersilie bestreuen.

3.22 Gegrillte Lammkoteletts mit Süßkatoffelpüre

Lindert Schwächezustände, stärkt Lunge, Milz, Magen und Immunsystem, baut Fett ab, verbessert die Verdauung.

Anzahl Portionen: 2
Kalorien p. Portion 914
Gramm p. Portion 424,75
Kochdauer ca. 45 Min.
Allergene: E
(Kohlehydrat:34,56% / Eiweiß & Fett:65,44%)
100g. ≈: Kohlehydrat 10,2g. BE 0,8 Eiweiß 7,6g. Fette 11,6
Portion: ≈ Kohlehydrat 43,2g. BE 3,6 Eiweiß 32,5g. Fette 49,3
µg. - Ph:53,4 Na:100,44 Ka:145,26 Mg:13,57 Ca:16,84 Fe:0,7 Zn:0,54 Col.:6,99 Hsr.:40,4

Zutaten:
Lamm Fleisch 6 Stück (Koteletts) / 300g. (ja)
Knoblauch 2 Zehen / 3g. (ja)
Rosmarin 2 EL / 5g. (ja)
Salz 1 Prise / 1g. (wenig)
Olivenöl 2 EL / 20g. (ja)
Süßkartoffel 300 g. / 300g. (ja)
Basilikum 1 EL / 3g. (ja)
Sojabohnenmilch 100 g. / 100g. (ja)
Basilikum 1 EL / 3g. (ja)
Salz 1 Prise / 1g. (wenig)
Muskatnuss 1 Prise / 0,5g. (ja)
Pfeffer gemahlen 1 Prise / 0,5g. (ja)
Mangold 2 Handvoll / 20g. (wenig)
Spinat 2 Handvoll / 20g. (ja)
Wirsing/Grünkohl 2 Handvoll / 20g. (ja)
Weißkohl/Weißkraut 2 Handvoll / 20g. (ja)
Kräuter verschiedene 1 Handvoll / 10g. (ja)
Olivenöl 2 EL / 20g. (ja)
Salz 1 Prise / 1g. (wenig)
Pfeffer gemahlen 1 Prise / 0,5g. (ja)

Kochanleitung:
Lammkoteletts: Den Backofengrill auf ca. 180 Grad vorheizen und für das Einschubgitter eine Höhe wählen, die ca. 8 bis 12 cm von der Wärmequelle entfernt ist. Die Koteletts von überschüssigem Fett

befreien und in eine feuerfeste Form legen. Das Fleisch zunächst mit Knoblauch, dann mit der Rosmarin-Salz-Mischung einreiben und einige TL Olivenöl darüber verteilen. Die Lammkoteletts einmal wenden, damit sie beidseitig mit Öl überzogen sird, unter den Grill schieben und von beiden Seiten jeweils 5 bis 7 Min. grillen, bzw. so lange, bis das Fleisch gut gebräunt ist. Süßkatoffelpüre: Die Süßkartoffeln schälen, in große Würfel schneiden, in Salzwasser weich kochen und abseihen. Im 100 Grad heißen Ofen für einige Minuten ausdampfen lassen. Süßkartoffeln in der Küchenmaschine mit abgezupften Basilikumblättern kurz pürieren. Ca. 1/8 l Sojamilch mit Basilikum einmal aufkochen, etwas durchziehen lassen, abseihen und mit den passierten Süßkartoffeln verrühren. Mit Salz, Pfeffer und Muskatnuss würzen. Je nach Konsistenz des Pürees noch etwas Milch zugeben. Gedünstetes Blattgemüse: Je nach Jahreszeit Mangold, Spinat, Wirsing, Weißkohl, frische Kräuter und Beifuß in einem Topf mit Olivenöl weichdünsten. Mit Salz und Pfeffer abschmecken.

3.23 Gemüse-Grieß-Suppe

Harntreibend, harmonisiert Magen und Darm, senkt Blutdruck, regt Verdauung an, reduziert Schmerzen, senkt Cholesterinspiegel, entgiftet. Gut bei Appetitlosigkeit, Blähungen, Darmentzündungen, Sodbrennen, Zwölffingerdarmgeschwüren.

Anzahl Portionen: 3
Kalorien p. Portion   199
Gramm p. Portion   459,67
Kochdauer ca.   20 Min.
Allergene: AEGL
(Kohlehydrat:78,84% / Eiweiß & Fett:21,16%)
100g. ≈: Kohlehydrat 10,9g. BE 0,9 Eiweiß 1,4g. Fette 1,5
Portion: ≈ Kohlehydrat 50g. BE 4,2 Eiweiß 6,4g. Fette 7
µg. - Ph:12,79 Na:13,89 Ka:69,81 Mg:18,98 Ca:66,25 Fe:0,28 Zn:0,04 Col.:0,39 Hsr.:8,64

Zutaten:
Grundrezept für eine Gemüsebrühe 1/2 Liter / 500g. (ja)
Kartoffel 1 Stück / 80g. (ja)
Pastinake 1 Stück / 180g. (ja)
Karotte (Mohrrübe, Möhre) 1 Stück / 120g. (ja)
Sellerie Knolle 150 g. / 150g. (ja)
Kohlrabi 1/2 Stück / 200g. (ja)
Bohnen (grün, frisch) 10 dag. / 100g. (ja)
Weizen Gries 2 EL / 24g. (ja)
Liebstöckel 1/2 TL / 2g. (ja)
Butter Bio 1 EL / 20g. (wenig)
Sojasauce 1 TL / 3g. (ja)

Kochanleitung:
Vorbereitete Gemüsebrühe erhitzen und buntes Gemüse darin weich kochen. Etwas Weizengrieß einstreuen und quellen lassen. Am Schluss reichlich Liebstöckelgrün und etwas Butter unterrühren und mit Sojasoße abschmecken.

3.24 Gerstenbratlinge

Verbessert Verdauung, senkt Cholesterinspiegel. Gut bei Durchfall, Geschwüren, Gliederschmerzen und Magenproblemen. Stärkt Milz, Leber und Immunsystem, senkt Blutdruck, bakterizid, beugt Krebs vor, reduziert Strahlenverletzungen.

Anzahl Portionen: 3
Kalorien p. Portion 397
Gramm p. Portion   292,83
Kochdauer ca.   1 1/2 Stunden
Allergene: ACN
(Kohlehydrat:62,78% / Eiweiß & Fett:37,22%)
100g. ≈: Kohlehydrat 16,1g. BE 1,3 Eiweiß 2,8g. Fette 6,7
Portion: ≈ Kohlehydrat 47,2g. BE 3,9 Eiweiß 8,3g. Fette 19,7
µg. - Ph:21,07 Na:12,53 Ka:50,84 Mg:5,98 Ca:7,42 Fe:0,24 Zn:0,04 Col.:2,76 Hsr.:8,79

Zutaten:
Wasser 2 Tassen / 250g. (ja)
Gerstengrütze 1 Tasse / 120g. (ja)
Kartoffel 1 Stück / 140g. (ja)
Karotte (Mohrrübe, Möhre) 1 Stück / 120g. (ja)
Champignon 2-3 Stück / 25g. (ja)
Huhn Ei 1 Stück / 55g. (ja)
Zwiebel weiss 1 Stück / 50g. (ja)
Ingwer frisch 1/2 TL / 1g. (ja)
Pfeffer gemahlen 1 Prise / 0,5g. (ja)
Salz 1 Prise / 1g. (wenig)
Zitrone 1/2 Stück / 15g. (ja)
Petersilie 2 EL / 15g. (ja)
Paprika (Rosenpaprikapulver) 1 Prise / 1g. (ja)
Sesamöl 2-3 EL / 50g. (ja)
Brötchen (Semmel) 1 Stück / 35g. (wenig)

Kochanleitung:
Vorbereitung: 2 große Tassen heißes Wasser in einen Topf geben, 1 große Tasse Thermo-Gerstengrütze dazugeben und 2 Min. unter Rühren köcheln lassen. Dann 20 Min. auf der ausgeschalteten Herdplatte quellen lassen, herunternehmen und abkühlen lassen. Eine

große Kartoffel kleinschneiden und in Wasser kochen. Brötchen in heißem Wasser einweichen und dann gut ausdrücken. Danach die Gerstengrütze, die zerdrückte Kartoffel und das Brötchen vermengen und folgendes zufügen: 1 geraspelte Karotte, 2-3 kleingehackte Champignons, 1 Ei, 1 fein gehackte Zwiebel, ½ TL geriebenen Ingwer, je eine Prise Salz und Pfeffer, etwas Zitronensaft, gehackte Petersilie und reichlich Rosenpaprika. Alles gut durchkneten und Bratlinge formen. In einer heißen Pfanne Sesamöl erhitzen und die Bratlinge etwa 15 Min. bei schwacher Hitze ausbacken. Nach der Hälfte der Zeit wenden. Dazu passt: Blattsalat, Sojasprossengemüse.

3.25 Geschnetzeltes Huhn mit Walnüssen und Sherry

Stärkt Blut, baut Milz und Magen auf, stärkt Knochenmark und Magen-Darm-Funktion, erweitert Blutgefäße, bakterizid, beugt Krebs vor, befeuchtet den Darm, treibt Schweiß, reduziert Blutfett, regt an.

Anzahl Portionen: 4
Kalorien p. Portion 304
Gramm p. Portion 272
Kochdauer ca. 25 Min.
Allergene: EGHN
(Kohlehydrat:36,28% / Eiweiß & Fett:63,72%)
100g. ≈: Kohlehydrat 9,5g. BE 0,8 Eiweiß 7,6g. Fette 9,2
Portion: ≈ Kohlehydrat 26g. BE 2,2 Eiweiß 20,6g. Fette 25
µg. - Ph:27,57 Na:7,42 Ka:29,72 Mg:7,25 Ca:3,77 Fe:0,28 Zn:0,02 Col.:1,78 Hsr.:19,84

Zutaten:
Butter Bio 2 EL / 35g. (wenig)
Walnüsse 2 EL / 25g. (ja)
Ingwer frisch 1/2 TL / 2g. (ja)
Zwiebel Schalotte 2 Stück / 40g. (ja)
Salz 1 Prise / 1g. (wenig)
Huhn Fleisch 300 g. / 300g. (ja)
Paprika (Rosenpaprikapulver) 1 Prise / 1g. (ja)
Sesam, Weißer 1 TL / 2g. (ja)
Schwarzer Fungu Pilz 4 Stück / 3g. (ja)
Shiitake, getrocknet 4 Stück / 5g. (ja)
Sojasauce 1 Schuss / 3g. (ja)
Reis Vollkorn 1 Tasse / 120g. (ja)
Wasser 6 Tassen / 550g. (ja)
Salz 1 Prise / 1g. (wenig)

Kochanleitung:
In einer Pfanne Butter oder Sesamöl erhitzen. Darin Walnüsse, reichlich geriebenen Ingwer, kleingeschnittene Schalotten oder Zwiebeln leicht

anbraten. Salz und das geschnetzelte Huhn zufügen und rundherum anbraten. Rosenpaprika, gerösteten Sesam, eingeweichten schwarzen Fungu, Shiitakepilze oder Champignons dazugeben und mit einem Schuss Sherry ablöschen. 5-10 Min. köcheln lassen, bis das Fleisch gar ist und mit Sojasoße abschmecken. Reis in gesalzenem Wasser aufkochen lassen und bei kleiner Hitze ca. 15 Min. quellen lassen. Dazu passt: Feldsalat, Radicchio.

3.26 Grießklößchensuppe

Senkt Blutdruck, bakterizid, stärkt Immunsystem, beugt Krebs vor, reduziert Strahlenverletzungen, löst Stagnation, fördert Gewichtsabnahme. Gut bei Abwehrschwäche, Appetitlosigkeit, Blähungen, Bluthochdruck, Depressionen, Diabetes, Durchfall.

Anzahl Portionen: 3
Kalorien p. Portion 287
Gramm p. Portion 235,67
Kochdauer ca. 60 Min.
Allergene: ACGLO
(Kohlehydrat:74% / Eiweiß & Fett:26%)
100g. ≈: Kohlehydrat 35,5g. BE 3 Eiweiß 5,4g. Fette 6,9
Portion: ≈ Kohlehydrat 83,6g. BE 7 Eiweiß 12,7g. Fette 16,2
µg. - Ph:7,29 Na:3,79 Ka:6,29 Mg:7,72 Ca:17,64 Fe:0,11 Zn:0,11 Col.:5,65 Hsr.:2,66

Zutaten:
Butter Bio 40 g. / 40g. (wenig)
Huhn Ei 1 Stück / 65g. (ja)
Salz 1 Prise / 1g. (wenig)
Pfeffer gemahlen 1 Prise / 0,5g. (ja)
Muskatnuss 1 Prise / 1g. (ja)
Weizen Gries 80 g. / 80g. (ja)
Petersilie 1 EL / 10g. (ja)
Lauchzwiebel Schnittlauch 1 EL / 10g. (ja)

Kochanleitung:
Die Zutaten für die Grießklößchen zu einem festen Teig kneten und 30 Min. quellen lassen. Die Brühe erhitzen. Dann mit einem Löffel Klößchen ausstechen, in die Brühe geben und ca. 20 Min. ziehen lassen. Vor dem Servieren gehackte Petersilie und in feine Röllchen geschnittenen Schnittlauch einstreuen.

3.27 Grießsuppe mit Gemüse

Senkt Blutdruck, stärkt Immunsystem. Gut bei Abwehrschwäche,
Appetitlosigkeit, Blähungen. Bluthochdruck, Depressionen, Diabetes,
Durchfall, Rheuma, Sodbrennen, Zwölffingerdarmgeschwü

Anzahl Portionen: 3
Kalorien p. Portion 106
Gramm p. Portion   237,7
Kochdauer ca.   20 Min.
Allergene: AGL
(Kohlehydrat:85,32% / Eiweiß & Fett:14,68%)
100g. ≈: Kohlehydrat 16,2g. BE 1,4 Eiweiß 1g. Fette 1,8
Portion: ≈ Kohlehydrat 38,6g. BE 3,2 Eiweiß 2,4g. Fette 4,2
µg. - Ph:8,65 Na:9,11 Ka:25,61 Mg:28,49 Ca:112,45 Fe:0,33 Zn:0,03 Col.:0 Hsr.:5,1

Zutaten:

Grundrezept für eine Gemüsebrühe 1/2 Liter / 500g. (ja)
Weizen Gries 2 EL / 20g. (ja)
Liebstöckel 1/2 TL / 2g. (ja)
Basilikum (frisch) 1/2 TL / 1g. (ja)
Muskatnuss 1 Prise / 0,1g. (ja)
Karotte (Mohrrübe, Möhre) 100 g. / 100g. (ja)
Sellerie Knolle 50 g. / 50g. (ja)
Sahne, süß 30% 3 EL / 30g. (wenig)
Petersilie 1 EL / 10g. (ja)

Kochanleitung:

Grieß ohne Fett in einer Pfanne anrösten. Kleingeschnittene Karotten
und Sellerie kurz mitrösten. Mit der Gemüsesuppe aufgießen, mit
Liebstöckel und Muskatnuss würzen und 10 Min. köcheln lassen. Vor
dem Servieren die Sahne einrühren und mit Petersilie garnieren.

3.28 Grundrezept für eine Gemüsebrühe

Senkt Blutdruck und Blutfett, bakterizid, stärkt Immunsystem, beugt
Krebs vor, stärkt Magen, löst Stagnation, fördert Gewichtsabnahme,
hilft bei Appetitlosigkeit, Blähungen, Bluthochdruck, Depressionen,
Diabetes, Durchfall.

Anzahl Portionen: 5
Kalorien p. Portion 48
Gramm p. Portion   240,6
Kochdauer ca.   2-3 Stunden
Allergene: L
(Kohlehydrat:71,3% / Eiweiß & Fett:28,7%)
100g. ≈: Kohlehydrat 3g. BE 0,2 Eiweiß 0,7g. Fette 0,5
Portion: ≈ Kohlehydrat 7,2g. BE 0,6 Eiweiß 1,6g. Fette 1,3
µg. - Ph:4,86 Na:3,67 Ka:25,68 Mg:1,8 Ca:6,32 Fe:0,1 Zn:0,01 Col.:0 Hsr.:2,78

Zutaten:
Olivenöl 1 EL / 4g. (ja)
Zwiebel weiss 1 Stück / 60g. (ja)
Karotte (Mohrrübe, Möhre) 3 Stück / 200g. (ja)
Pastinake 150 g. / 150g. (ja)
Sellerie Knolle 1 Tasse / 100g. (ja)
Ingwer frisch 1/2 TL / 2g. (ja)
Zitrone 1/2 Stück / 25g. (ja)
Wacholderbeere 6 Stück / 6g. (ja)
Thymian getrocknet 1 Prise / 1g. (ja)
Liebstöckel 1 EL / 3g. (ja)
Lorbeerblatt 2 Blätter / 1g. (ja)
Salz 1 Prise / 1g. (wenig)
Wasser 3/4 Liter / 650g. (ja)

Kochanleitung:
Gemüse würfelig schneiden. Öl in einem Topf erhitzen, die Zwiebel und
das Gemüse darin anbraten, Ingwer und Lorbeer zugeben. Mit kaltem
Wasser aufgießen, Zitronensaft zufügen und mit Wacholder, Thymian
und Liebstöckel würzen. 2-3 Std. auf kleiner Stufe zugedeckt köcheln
lassen. Brühe durch ein Sieb streichen und im Kühlschrank
aufbewahren. Sie dient als Suppengrundlage und verfeinert Gemüse,
Hülsenfrüchte oder Getreide.

3.29 Grundrezept für eine Rinderbrühe

Stärkt Muskeln, Sehnen und Knochen, senkt Blutdruck, bakterizid,
stärkt Immunsystem, beugt Krebs vor, reduziert Strahlenverletzungen,
regt Verdauung an, reduziert Schmerzen, fördert Verdauung.
Harntreibend, stillt Blutung. Rosmarin fördert Verdauung.

Anzahl Portionen: 10
Kalorien p. Portion 114
Gramm p. Portion 276
Kochdauer ca. 4-8 Stunden
Allergene: O
(Kohlehydrat:22,24% / Eiweiß & Fett:77,76%)
100g. ≈: Kohlehydrat 1,7g. BE 0,1 Eiweiß 4,4g. Fette 1,5
Portion: ≈ Kohlehydrat 4,7g. BE 0,4 Eiweiß 12,2g. Fette 4,1
µg. - Ph:5,14 Na:3,08 Ka:13,39 Mg:1,06 Ca:2,52 Fe:0,09 Zn:0,01 Col.:0,14 Hsr.:3,57

Zutaten:
Rind Suppenfleisch 500 g. / 500g. (wenig)
Rind Fleischknochen 200 g. / 200g. (ja)
Essig (Rotweinessig) 1 Schuss / 3g. (ja)

Wacholderbeere 8 Stück / 6g. (ja)
Rosmarin 1 Prise / 1g. (ja)
Karotte (Mohrrübe, Möhre) 3 Stück / 210g. (ja)
Pastinake 2 Stück / 300g. (ja)
Lauch (Porree) 1 Stück / 200g. (ja)
Ingwer frisch 1/2 TL / 5g. (ja)
Liebstöckel 1 Stiel / 15g. (ja)
Nelke 2 Stück / 2g. (ja)
Piment 6 Stück / 12g. (ja)
Anis (gemeiner Fenchel) 2 Stück / 1g. (ja)
Salz 1 TL / 5g. (wenig)
Wasser 1 1/2 Liter / 1300g. (ja)

Kochanleitung:
Rotweinessig, Wacholderbeeren, Rosmarin, Knochen und Fleisch in
Wasser zum Kochen bringen. Karotten, Pastinaken, Lauch, Ingwer,
Liebstöckelgrün, Nelken, Piment, Sternanis und etwas Salz zufügen
und alles 4-8 Std. köcheln und dann abseihen. Brühe im Kühlschrank
aufbewahren.

3.30 Gurkensalat

Gurke kühlt und befeuchtet, entgiftet, unterdrückt Umwandlung von
Zucker in Fett, senkt Cholesterinspiegel, beugt Krebs vor, ist
harntreibend. Dill wirkt gegen Blähungen, ist krampflösend bei Magen-
Darm-Beschwerden.
Anzahl Portionen: 2
Kalorien p. Portion 27
Gramm p. Portion 206
Kochdauer ca. 5 min.
Allergene: O
(Kohlehydrat:68% / Eiweiß & Fett:32%)
100g. ≈: Kohlehydrat 2,1g. BE 0,2 Eiweiß 0,8g. Fette 0,2
Portion: ≈ Kohlehydrat 4,3g. BE 0,4 Eiweiß ´,6g. Fette 0,4
µg. - Ph:5,92 Na:2,32 Ka:35,15 Mg:2,16 Ca:4,03 Fe:0,12 Zn:0,05 Col.:0 Hsr.:1,94

Zutaten:
Gurke 1 Stück / 400g. (ja)
Salz 1 Prise / 1g. (wenig)
Dill 1 Prise / 1g. (ja)
Essig (Apfelessig) 1 EL / 10g. (ja)

Kochanleitung:
Bio-Gurke mit Schale, konventionelle Gurke schälen, dünn schneiden
und würzen.

3.31 Heilbutt mit Tomaten-Knoblauch-Soße

Fördert Verdauung, hilft Fett zu verdauen, harntreibend, senkt Blutdruck, liefert wertvolle Omega-3 Fettsäuren. Gut bei Rheuma, Blähungen, Blasenschwäche, Blutarmut, Bluthochdruck, Depressionen, Diabetes, Durchfall.

Anzahl Portionen: 5
Kalorien p. Portion 319
Gramm p. Portion 297,6
Kochdauer ca. 45 Min.
Allergene: D
(Kohlehydrat:35,73% / Eiweiß & Fett:64,27%)
100g. ≈: Kohlehydrat 8,3g. BE 0,7 Eiweiß 11,8g. Fette 3,2
Portion: ≈ Kohlehydrat 24,7g. BE 2,1 Eiweiß 35g. Fette 9,4
µg. - Ph:24,12 Na:43,88 Ka:35,39 Mg:5,15 Ca:4,4 Fe:0,11 Zn:0,01 Col.:0,82 Hsr.:23,91

Zutaten:
Reis Sorte beliebig 1 Tasse / 120g. (ja)
Wasser 6 Tassen / 240g. (ja)
Salz 1 Prise / 1g. (wenig)
Heilbutt 1 Kg / 800g. (ja)
Salz 1 Prise / 1g. (wenig)
Pfeffer gemahlen 1 Prise / 0,5g. (ja)
Zitrone Saft 1 Spritzer / 2g. (ja)
Lorbeerblatt 2 Stück / 2g. (ja)
Zitrone 1 Stück / 30g. (ja)
Knoblauch 8 Stück / 10g. (ja)
Thymian getrocknet 1 EL / 5g. (ja)
Oliven 75 g. / 75g. (ja)
Tomate 4 Stück / 200g. (ja)
Salz 1 Prise / 1g. (wenig)
Pfeffer gemahlen 1 Prise / 0,5g. (ja)

Kochanleitung:
Reis im Salzwasser gar kochen. Den Fisch unter fließend kaltem Wasser abspülen, mit Küchenkrepp abtupfen und mit Salz, Pfeffer und Zitronensaft einreiben. Die Fischfilets in eine Auflaufform legen und mit Stücken der Lorbeerblätter belegen Die Zitrone heiß abwaschen und in Spalten schneiden, den Knoblauch schälen und halbieren. Die Oliven darauf verteilen und mit Thymian bestreuen. Die Tomaten mit heißem Wasser überbrühen, häuten und grob würfeln. Alle Zutaten mischen, mit Salz und Pfeffer würzen und um den Fisch herum verteilen. Alles bei 200 Grad (Umluft 180, Gas Stufe 3) ca. 20 Min. garen. Mit dem Reis anrichten. Zu diesem wohlschmeckenden Fischgericht passt ein gemischter Salat.

3.32 Hirse mit Birnen

Erfrischend und nährend, fördert Verdauung, harntreibend, stillt Husten, treibt Schweiß, senkt Blutfett, regt an, löst Stagnation, baut Leber auf, stärkt Muskeln, befeuchtet Darm, senkt Cholesterinspiegel, antiparasitär.

Anzahl Portionen: 5
Kalorien p. Portion 213
Gramm p. Portion   238,4
Kochdauer ca.   35 Min.
Allergene: G
(Kohlehydrat:85,54% / Eiweiß & Fett:14,46%)
100g. ≈: Kohlehydrat 17,8g. BE 1,5 Eiweiß 1,6g. Fette 1,4
Portion: ≈ Kohlehydrat 42,3g. BE 3,5 Eiweiß 3,9g. Fette 3,2
µg. - Ph:9,48 Na:0,56 Ka:21,43 Mg:4,96 Ca:2,64 Fe:0,24 Zn:0,02 Col.:0 Hsr.:3,84

Zutaten:
Hirse 1 Tasse / 120g. (ja)
Wasser 2 Tassen / 200g. (ja)
Traubensaft rot 2 Tassen / 240g. (wenig)
Birne 4 Stück / 600g. (ja)
Ingwer frisch 1/2 TL / 2g. (ja)
Salz 1 Prise / 1g. (wenig)
Acerola Fruchtnektar oder Pulver 1 TL / 2g. (wenig)
Kakao 1 Prise / 1g. (ja)
Sonnenblumenkerne 2 EL / 4g. (ja)
Gerstenmalz 1/2 TL / 2g. (ja)
Sahne, süß 30% 2 TL / 20g. (wenig)

Kochanleitung:
Hirse in heißem Wasser aufsetzen und gar kochen. Danach: Traubensaft im Topf erwärmen und kleingeschnittene Birnen, sehr wenig geriebenen Ingwer, eine kleine Prise Salz, Acerola und eine Prise Kakao dazugeben und kurz andünsten. Die gekochte Hirse, Sonnenblumenkerne, etwas Gerstenmalz nach Belieben, 1 TL Sahne pro Portion oder etwas Butter untermengen und erhitzen.

3.33 Hüttenkäse mit gedünstetem Obst

Gut bei Appetitlosigkeit, Schluckstörungen, schwacher Verdauung, harntreibend.

Anzahl Portionen: 2
Kalorien p. Portion 215
Gramm p. Portion 250
Kochdauer ca. 20 Min.
Allergene: G
(Kohlehydrat:40,48% / Eiweiß & Fett:59,52%)
100g. ≈: Kohlehydrat 6,8g. BE 0,6 Eiweiß 7,4g. Fette 2,6
Portion: ≈ Kohlehydrat 16,9g. BE 1,4 Eiweiß 18,4g. Fette 6,4
µg. - Ph:44,6 Na:114,5 Ka:50,9 Mg:3,7 Ca:25,6 Fe:0,11 Zn:0,09 Col.:0,64 Hsr.:3

Zutaten:
Hüttenkäse 300 g. / 300g. (ja)
Apfel (sauer) 1 Stück / 100g. (ja)
Birne 1 Stück / 100g. (ja)

Kochanleitung:
Äpfel und Birnen gut waschen, mit Schale klein schneiden und in einem Topf mit Dämpfsieb bissfest garen. Herausnehmen und auskühlen lassen. Hüttenkäse anrichten und Obst darauf verteilen.

3.34 Indische Dal-Suppe

Stärkt Herz und Nieren, fördert Verdauung, senkt Blutdruck, erweitert Blutgefäße, fördert Durchblutung, harntreibend, bakterizid, stärkt Immunsystem, Muskeln und Magen-Darm-Funktion.

Anzahl Portionen: 2
Kalorien p. Portion 256
Gramm p. Portion 267,75
Kochdauer ca. 30 Min.
Allergene: EN
(Kohlehydrat:36,92% / Eiweiß & Fett:63,08%)
100g. ≈: Kohlehydrat 4,9g. BE 0,4 Eiweiß 1,7g. Fette 6,7
Portion: ≈ Kohlehydrat 13,1g. BE 1,1 Eiweiß 4,5g. Fette 18
µg. - Ph:16,61 Na:20,61 Ka:47,31 Mg:5,34 Ca:10,28 Fe:0,44 Zn:0,09 Col.:0,18 Hsr.:34,87

Zutaten:
Linsen (Helmbohnen) 175 g. / 175g. (ja)
Sesamöl 3 EL / 30g. (ja)
Karotte (Mohrrübe, Möhre) 1 Stück / 100g. (ja)
Zwiebel Schalotte 1 Stück / 15g. (ja)
Wasser 2 Tassen / 200g. (ja)
Ingwer frisch 2 Scheiben / 1g. (ja)
Salz 1 Prise / 0,5g. (wenig)

Sojasauce 1 TL / 3g. (ja)
Petersilie 1 TL gehackte / 3g. (ja)
Thymian 1 TL / 3g. (ja)
Basilikum 1 EL / 5g. (ja)

Kochanleitung:
Linsen über Nacht einweichen. Öl in einem Topf erhitzen und
kleingeschnittene Karotte, Zwiebel und den zerkleinerten Ingwer darin
anbraten. Mit Wasser aufgießen, Linsen zugeben und weich kochen.
Salz oder Sojasoße zufügen und weitere 10 Min. kochen. Vor dem
Servieren Petersilie unterheben und mit Thymian oder Basilikum
bestreuen. Variante: Andere Kräuter wie Salbei, Rosmarin oder
Liebstöckel ermöglichen eine Vielfalt von Geschmacksnuancen.

3.35 Italienische Gemüse-Bohnen-Suppe

Fördert Verdauung, hilft Fett zu verdauen, harntreibend, senkt
Blutdruck, regt Blutproduktion und Stoffwechsel an, baut Fett ab, wirkt
bakterizid, stärkt Immunsystem.

Anzahl Portionen: 4
Kalorien p. Portion 205
Gramm p. Portion   265,3
Kochdauer ca.   1 Stunde
Allergene: L
(Kohlehydrat:35,1% / Eiweiß & Fett:64,9%)
100g. ≈: Kohlehydrat 3,7g. BE 0,3 Eiweiß 4,6g. Fette 2,2
Portion: ≈ Kohlehydrat 9,9g. BE 0,8 Eiweiß 12,3g. Fette 5,9
µg. - Ph:24,12 Na:4,97 Ka:81,43 Mg:7,84 Ca:10,44 Fe:0,12 Zn:0,01 Col.:0 Hsr.:8,84

Zutaten:
Butterbohnen weiße 200 g. / 200g. (ja)
Zwiebel Schalotte 1 Stück / 20g. (ja)
Karotte (Mohrrübe, Möhre) 1 Stück / 70g. (ja)
Olivenöl 2 EL / 20g. (ja)
Tomate 2 Stück / 80g. (ja)
Sellerie Knolle 10 dag. / 100g. (ja)
Weißkohl/Weißkraut 7 dag. / 70g. (ja)
Endiviensalat 5 dag. / 50g. (ja)
Salz 1 Prise / 1g. (wenig)
Pfeffer gemahlen 1 Prise / 0,2g. (ja)
Wasser 1/2 Liter / 450g. (ja)

Kochanleitung:
Bohnen einweichen und 30 Min. kochen. Zwiebel, Karotte und Sellerie
kleingeschnitten in Bratöl andünsten. Tomaten und Wasser zugeben

und alles 30 Min. köcheln. In Streifen geschnittenen Weißkohl, Endiviensalat sowie die gekochten Bohnen hineingeben und mit Salz, Pfeffer und Olivenöl abschmecken.

3.36 Kartoffel-Basilikumsuppe

Lindert Entzündungen, fördert Verdauung, harntreibend, senkt Cholesterinspiegel und Blutdruck, bakterizid, stärkt Immunsystem, beugt Krebs vor, reduziert Strahlenverletzungen, antioxidativ, löst Stagnation.

Anzahl Portionen: 4
Kalorien p. Portion 96
Gramm p. Portion 330,12
Kochdauer ca. 25 min.
Allergene: L
(Kohlehydrat:68,68% / Eiweiß & Fett:31,32%)
100g. ≈: Kohlehydrat 4,1g. BE 0,3 Eiweiß 1g. Fette 0,9
Portion: ≈ Kohlehydrat 13,6g. BE 1,1 Eiweiß 3,2g. Fette 3
µg. - Ph:7,65 Na:13,39 Ka:52,12 Mg:2,43 Ca:11,65 Fe:0,11 Zn:0,01 Col.:0 Hsr.:7,59

Zutaten:
Wasser 500 ml / 450g. (ja)
Kartoffel 4 Stück / 200g. (ja)
Karotte (Mohrrübe, Möhre) 2 Stück / 100g. (ja)
Sellerie Knolle 1 Stück / 500g. (ja)
Pfeffer gemahlen 1 Prise / 0,5g. (ja)
Kümmel 1 Prise / 1g. (ja)
Knoblauch 1 Zehe / 3g. (ja)
Salz 1 Prise / 1g. (wenig)
Zitrone 1 TL / 3g. (ja)
Basilikum (frisch) 1 Bund / 50g. (ja)
Paprika (Rosenpaprikapulver) 1 Prise / 1g. (ja)
Zucker Ursüße (Zuckerrohr) süß 1 Prise / 1g. (wenig)
Olivenöl 1 EL / 10g. (ja)

Kochanleitung:
4 mittelgroße Kartoffeln, 2 mittelgroße Karotten und 1 Stück Knollensellerie geschält und kleingeschnitten in heißes Wasser geben und zusammen mit einer Prise Pfeffer und Salz, einer Prise gemahlenem Kümmel, einer kleinen zerdrückten Knoblauchzehe und 1 TL Zitronensaft köcheln, bis das Gemüse weich ist. Von 1 Bund Basilikum (fein gehackt) eine Hälfte in die Suppe geben und alles pürieren. Die andere Hälfte anschließend unterrühren und mit Rosenpaprika, einer Prise Vollrohrzucker, 1 EL Olivenöl oder Butter, frisch gemahlenem Pfeffer und Salz abschmecken.

3.37 Kartoffellaibchen mit Sauerkraut

Leicht abführend, verbessert die Verdauung. Stärkt Herz und Nieren.
Mineral- und vitaminreich.

Anzahl Portionen: 4
Kalorien p. Portion 150
Gramm p. Portion   312,5
Kochdauer ca.   45 Min.
Allergene: ALM
(Kohlehydrat:61,56% / Eiweiß & Fett:38,44%)
100g. ≈: Kohlehydrat 7,6g. BE 0,6 Eiweiß 2,2g. Fette 2,5
Portion: ≈ Kohlehydrat 23,6g. BE 2 Eiweiß 6,9g. Fette 7,9
µg. - Ph:12,65 Na:8,61 Ka:59,83 Mg:7,96 Ca:17,03 Fe:0,19 Zn:0,03 Col.:0 Hsr.:9,88

Zutaten:
Sauerkraut 500 g. / 500g. (ja)
Kartoffel (mehlige) 300 g. / 300g. (ja)
Sellerie Knolle 50 g. / 50g. (ja)
Salz 1 Prise / 1g. (wenig)
Maiskeimöl 2 EL / 20g. (ja)
Zwiebel weiss 1 Stück / 60g. (ja)
Linsen rot 100 g. / 100g. (ja)
Bulgur (Getreide) 50 g. / 50g. (ja)
Grundrezept für eine Gemüsebrühe 250 g. / 100g. (ja)
Thymian 1 Prise / 1g. (ja)
Majoran 1 Prise / 1g. (ja)
Kümmel gemahlen 1 Prise / 1g. (ja)
Senf 1 EL / 5g. (ja)
Maiskeimöl 1 EL / 8g. (ja)
Petersilie 1 EL / 3g. (ja)
Pastinake 50 g. / 50g. (ja)

Kochanleitung:
Kartoffeln, Sellerie und Pastinake schälen und würfelig schneiden und
in Wasser weich kochen und abseihen. Bratlinge: Zwiebel fein
schneiden und in einem Topf mit Öl kurz anbraten. Bulgur, Linsen und
Gemüsebrühe zugeben. Kochen, bis die Linsen weich sind.
Regelmäßig umrühren und bei Bedarf etwas Wasser zugeben, so dass
sich noch Laibchen formen lassen. Gewürze, Senf und Salz zum
Abschmecken zugeben und kleine Laibchen formen. In einer Pfanne
mit Öl die Laibchen goldbraun braten. Zwiebel in Ringe schneiden und
auch kurz anrösten. Das gekochte Gemüse durch eine Kartoffelpresse

drücken oder zerstampfen, 1 EL Öl zugeben und cremig rühren. Sauerkraut abtropfen lassen und mit den Laibchen und der Gemüsecreme auf Tellern anrichten. Mit den Zwiebelringen belegen und mit gehackter Petersilie bestreuen.

3.38 Kartoffellaibchen mit Schinken

Verbessert Verdauung, unterstützt das Wasserlassen, senkt Cholesterinspiegel, stärkt Immunsystem, stärkt Magen, löst Stagnation.

Anzahl Portionen: 2
Kalorien p. Portion 486
Gramm p. Portion 312,35
Kochdauer ca. 45 Min.
Allergene: ACGL
(Kohlehydrat:47,2% / Eiweiß & Fett:52,8%)
100g. ≈: Kohlehydrat 12,9g. BE 1,1 Eiweiß 3,5g. Fette 10,9
Portion: ≈ Kohlehydrat 40,1g. BE 3,3 Eiweiß 10,8g. Fette 34,1
µg. - Ph:24,69 Na:9,45 Ka:105,45 Mg:15,41 Ca:42,89 Fe:0,23 Zn:0,09 Col.:2,84 Hsr.:9,78

Zutaten:
Kartoffel 300 g. / 300g. (ja)
Huhn Eiweiß 1 Stück / 25g. (ja)
Salz 1 Prise / 1g. (wenig)
Pfeffer gemahlen 1 Prise / 0,5g. (ja)
Muskatnuss 1 Prise / 0,2g. (ja)
Lauchzwiebel Schnittlauch 1 TL / 5g. (ja)
Rapsöl 2 EL / 15g. (ja)
Butter Bio 20 g. / 20g. (wenig)
Weizen Mehl 10 g. / 10g. (ja)
Zwiebel weiss 2 EL / 18g. (ja)
Sahne, süß 30% 100 ml. / 100g. (wenig)
Grundrezept für eine Gemüsebrühe 100 ml. / 90g. (ja)
Schwein Schinken gekocht 40 g. / 40g. (ja)

Kochanleitung:
Die Kartoffeln kochen, schälen und zerstampfen. Das Eiklar, Gewürze und den Schnittlauch einmischen. Aus der Masse die Laibchen formen. In einer Pfanne mit Öl, die Laibchen knusprig backen. In einem Topf, die Zwiebel in der Butter glasig anrösten, das Mehl drüberstreuen und verrühren. Mit der Gemüsebrühe übergießen und gut verrühren. Die Sahne mit einem Schneebesen einrühren und kurz aufkochen. Den Schinken klein würfeln und beimengen.

3.39 Kartoffeln mit Löwenzahnsalat

Stärkt Milz, lindert Entzündungen, regeneriert Haut, harntreibend, senkt Cholesterinspiegel, entgiftet, stärkt Magen und Verdauungssystem, bakterizid, löst Stagnation.

Anzahl Portionen: 2
Kalorien p. Portion 162
Gramm p. Portion 203,25
Kochdauer ca. 25 min.
(Kohlehydrat:70,33% / Eiweiß & Fett:29,67%)
100g. ≈: Kohlehydrat 11,5g. BE 1 Eiweiß 2,1g. Fette 2,8
Portion: ≈ Kohlehydrat 23,4g. BE 2 Eiweiß 4,3g. Fette 5,6
µg. - Ph:26,55 Na:13,01 Ka:175,89 Mg:11,87 Ca:27,38 Fe:0,61 Zn:0,14 Col.:0,01
Hsr.:14,21

Zutaten:
Kartoffel 250 g. / 250g. (ja)
Zwiebel weiss 1/2 Stück / 20g. (ja)
Sonnenblumenöl 1 EL / 10g. (ja)
Löwenzahn (junger) 125 g. / 125g. (ja)
Salz 1 Prise / 1g. (wenig)
Pfeffer weiss (gemahlen) 1 Prise / 0,5g. (ja)

Kochanleitung:
Die Kartoffeln in Salzwasser garen und in dünne Scheiben schneiden. Löwenzahnblätter klein schneiden. Feingehackte Zwiebel und Öl dazugeben, mit Salz und Pfeffer würzen und alles vermischen.

3.40 Kohlrabi in Kerbelsoße mit Kartoffeln

Lindert Entzündungen, senkt Cholesterinspiegel, harntreibend, leitet Darmwinde ab, stärkt Immunsystem, beugt Krebs vor, fördert Gewichtsabnahme. Gut bei Appetitlosigkeit, Blähungen, Bluthochdruck, Depressionen, Diabetes, Durchfall.

Anzahl Portionen: 4
Kalorien p. Portion 188
Gramm p. Portion 316,85
Kochdauer ca. 1 Stunde
Allergene: GL
(Kohlehydrat:79,34% / Eiweiß & Fett:20,66%)
100g. ≈: Kohlehydrat 13,6g. BE 1,1 Eiweiß 2,7g. Fette 0,8
Portion: ≈ Kohlehydrat 42,9g. BE 3,6 Eiweiß 8,7g. Fette 2,5
µg. - Ph:11,79 Na:4,12 Ka:100,2 Mg:13,9 Ca:60,61 Fe:0,16 Zn:0,02 Col.:0,06 Hsr.:3,63

Zutaten:
Kartoffel 6 Stück / 450g. (ja)
Grundrezept für eine Gemüsebrühe 300 ml. / 300g. (ja)
Kartoffel 100 g. / 100g. (ja)
Muskatnuss 1 Prise / 0,2g. (ja)
Zitrone Schale 1/2 TL / 2g. (ja)
Ingwer frisch 1/2 TL / 2g. (ja)
Liebstöckel 1/2 TL / 2g. (ja)
Kohlrabi 300 g. / 300g. (ja)
Salz 1 Prise / 1g. (wenig)
Pfeffer gemahlen 1 Prise / 0,2g. (ja)
Sauerrahm 15% Fett 3 EL / 30g. (wenig)
Kerbel getrocknet 1 Bund / 80g. (ja)

Kochanleitung:
Die 6 Kartoffeln in Salzwasser weich kochen. Die Hälfte der
Gemüsebrühe zum Kochen bringen. 100G gewürfelte Kartoffeln,
Muskat, Zitronenschale, Ingwer und Liebstöckel dazugeben. Kartoffeln
zugedeckt ca. 10 Min. weich kochen und alles mit dem Mixstab zu einer
glatten Soße pürieren. Restliche Gemüsebrühe zum Kochen bringen.
Kohlrabi in Würfel schneiden, zufügen und zugedeckt ca. 8 Min.
kochen. Die Kartoffelsoße unterrühren und alles kurz erhitzen. Mit dem
Mixstab Kerbel und Sauerrahm fein pürieren. Die Kerbelcreme mit dem
Kohlrabigemüse vermischen und mit den gekochten und geschälten
Kartoffeln anrichten.

3.41 Kürbiscurry

Fördert Verdauung und Schwitzen, löst Stagnation, reduziert Wind,
stärkt Lunge und Milz, reduziert Blutzucker, stärkt Magen,
Verdauungssystem, Muskeln und Knochen, ist harntreibend und
entgiftend.

Anzahl Portionen: 3
Kalorien p. Portion 193
Gramm p. Portion 251
Kochdauer ca. 20 Min.
(Kohlehydrat:63% / Eiweiß & Fett:37%)
100g. ≈: Kohlehydrat 9g. BE 0,7 Eiweiß 1,1g. Fette 4,2
Portion: ≈ Kohlehydrat 22,6g. BE 1,9 Eiweiß 2,7g. Fette 10,6
µg. - Ph:5,14 Na:0,86 Ka:16,34 Mg:2,68 Ca:2,29 Fe:0,06 Zn:0,02 Col.:0 Hsr.:1,54

Zutaten:
Kürbis 300 g. / 300g. (ja)
Olivenöl 2 EL / 30g. (ja)
Koriander 1 Prise / 1g. (ja)

Pfeffer gemahlen 1 Prise / 0,5g. (ja)
Curry 1 Prise / 1g. (ja)
Wasser 50 ml / 50g. (ja)
Salz 1 Prise / 1g. (wenig)
Petersilie 1 EL / 7g. (ja)
Kardamom 1 Prise / 1g. (ja)
Kurkuma (Gelbwurz) 1 Prise / 1g. (ja)
Reis Vollkorn 1/2 Tasse / 60g. (ja)
Wasser 3 Tassen / 300g. (ja)
Salz 1 Prise / 1g. (wenig)

Kochanleitung:
Olivenöl in einer Pfanne erhitzen, in Würfel geschnittenen Kürbis darin
andünsten, mit Koriander, Pfeffer und Curry würzen
und mit wenig Wasser ablöschen. Meersalz zufügen, klein
geschnittene Petersilie zugeben und mit Kardamom und Kurkuma
abrunden. Auf kleinem Feuer ca. 10 Min. je nach Kürbisart köcheln; er
sollte noch bissfest sein. Den Reis in gesalzenem Wasser aufkochen
und auf kleiner Stufe ca. 15 Min. quellen lassen.

3.42 Kürbis-Joghurt-Suppe

Befeuchtet, entspannt, senkt Blutdruck, stärkt Immunsystem, fördert
Gewichtsabnahme. Gut bei Abwehrschwäche, Appetitlosigkeit,
Blähungen, Depressionen, Diabetes, Durchfall.
Anzahl Portionen: 4
Kalorien p. Portion 68
Gramm p. Portion   239
Kochdauer ca.   15 Min.
Allergene: GL
(Kohlehydrat:82,83% / Eiweiß & Fett:17,17%)
100g. ≈: Kohlehydrat 7,4g. BE 0,6 Eiweiß 1g. Fette 0,6
Portion: ≈ Kohlehydrat 17,8g. BE 1,5 Eiweiß 2,4g. Fette 1,3
µg. - Ph:7,17 Na:3,58 Ka:26,41 Mg:11,21 Ca:43,83 Fe:0,07 Zn:0,01 Col.:0,05 Hsr.:1,4

Zutaten:
Grundrezept für eine Gemüsebrühe 300 ml. / 300g. (ja)
Hokkaidokürbis 500 g. / 500g. (ja)
Ingwer frisch 1/2 TL / 2g. (ja)
Fenchelsamen gemahlen 1/2 TL / 1g. (ja)
Anis (gemeiner Fenchel) 1/4 TL / 1g. (ja)
Joghurt (natur, 1,5 % Fett) 150 g. / 150g. (ja)
Pfefferminze 2 Blätter / 1g. (ja)
Salz 1 Prise / 1g. (wenig)

Kochanleitung:
Gemüsebrühe (nach Grundrezept) zum Kochen bringen. Gewürfelten Kürbis, kleingehackten Ingwer, zerstoßene Fenchelsamen und Anis dazugeben und Suppe zugedeckt ca. 12 Min. köcheln lassen, bis der Kürbis weich ist und dann vom Herd nehmen. Mit dem Mixstab die Suppe mit dem Joghurt fein pürieren und mit feingehackter Minze bestreut servieren.

3.43 Linsen-Kastanien-Suppe mit Curry

Senkt Blutdruck, bakterizid, stärkt Immunsystem, beugt Krebs vor, reduziert Strahlenverletzungen, stärkt Magen, löst Stagnation, fördert Gewichtsabnahme. Gut bei Abwehrschwäche, Appetitlosigkeit, Blähungen, Bluthochdruck, Depressionen, Diabetes, Durchfall.

Anzahl Portionen: 4
Kalorien p. Portion 175
Gramm p. Portion 238,25
Kochdauer ca. 45 Min.
Allergene: LO
(Kohlehydrat:83% / Eiweiß & Fett:17%)
100g. ≈: Kohlehydrat 17,9g. BE 1,5 Eiweiß 1,8g. Fette 1,8
Portion: ≈ Kohlehydrat 42,6g. BE 3,5 Eiweiß 4,2g. Fette 4,3
µg. - Ph:2,67 Na:3,8 Ka:7,98 Mg:4,63 Ca:15,86 Fe:0,06 Zn:0,02 Col.:0 Hsr.:2,07

Zutaten:
Linsen rot 150 g. / 150g. (ja)
Kastanien (Maronen) 150 g. / 150g. (ja)
Olivenöl 1 EL / 10g. (ja)
Curry 2 TL / 8g. (ja)
Kurkuma (Gelbwurz) 1 TL / 2g. (ja)
Grundrezept für eine Gemüsebrühe 1/2 Liter / 500g. (ja)
Weißwein 1/8 Liter / 125g. (wenig)
Salz Kräutersalz 1 Prise / 1g. (wenig)
Anis (gemeiner Fenchel) 1 Prise / 1g. (ja)
Kardamom 1 Prise / 0,5g. (ja)
Petersilie 2 EL / 6g. (ja)

Kochanleitung:
Olivenöl in eine Pfanne geben, Kastanien darin kurz andünsten, Curry drüberstreuen, Linsen zugeben und mit Gemüsebrühe aufgießen. Ganz wenig Weißwein zugeben, Kurkuma untermischen, aufkochen lassen und rund 20 Min. köcheln lassen, bis die Kastanien weich sind. Anschließend die Suppe pürieren und abschmecken mit einer Prise Anis, Kardamom und Kräutersalz. Am Schluss klein geschnittene Petersilie drüberstreuen.

3.44 Paprika-Tomatenreis

Cholesterin-, eiweiß- und fettarm, stärkt Magen, löst Stagnation, fördert Gewichtsabnahme. Gut bei Abwehrschwäche, Appetitlosigkeit, Blähungen, Bluthochdruck, Diabetes, Depressionen.

Anzahl Portionen: 3
Kalorien p. Portion 291
Gramm p. Portion 324
Kochdauer ca. 25 Min.
Allergene: L
(Kohlehydrat:89% / Eiweiß & Fett:11%)
100g. ≈: Kohlehydrat 24,6g. BE 2 Eiweiß 2,4g. Fette 0,8
Portion: ≈ Kohlehydrat 79,6g. BE 6,6 Eiweiß 7,6g. Fette 2,5
µg. - Ph:10,3 Na:1,31 Ka:15,5 Mg:9,5 Ca:22,5 Fe:0,14 Zn:0,06 Col.:0 Hsr.:4,12

Zutaten:
Zwiebel weiss 1 Stück / 50g. (ja)
Paprika 4 stück / 120g. (ja)
Lorbeerblatt 2 Stück / 1g. (ja)
Nelke 2 Stück / 1g. (ja)
Grundrezept für eine Gemüsebrühe 400 g. / 400g. (ja)
Reis Vollkorn 200 g / 200g. (ja)
Champignon 60 g. / 60g. (ja)
Petersilie 20 g. / 20g. (ja)
Pfeffer gemahlen 1 Prise / 0,2g. (ja)
Paprika (Rosenpaprikapulver) 1 Prise / 0,2g. (ja)
Tomate 120 g. / 120g. (ja)

Kochanleitung:
Die Zwiebel fein würfeln und die Paprika in feine Streifen schneiden. Margarine in einem Topf erhitzen, Zwiebel und Paprika sowie Reis darin andünsten und mit der Gemüsebrühe aufgießen. Nelken und Lorbeerblätter dazugeben und im geschlossenen Topf ca. 20 Min. ausquellen lassen. Das Tomatenfleisch in 1 cm große Würfel schneiden und 5 Min. vor Garzeitende zum Reis geben.

3.45 Rosmarinkartoffeln

Kartoffel stärkt die Milz, lindert Entzündungen, verbessert die Verdauung, regeneriert die Haut, ist harntreibend, senkt Cholesterinspiegel. Rosmarin fördert Verdauung, stärkt Lunge, Milz und Nieren.

Anzahl Portionen: 2
Kalorien p. Portion 189
Gramm p. Portion 216,5
Kochdauer ca. 30 Min.
(Kohlehydrat:76,49% / Eiweiß & Fett:23,51%)
100g. ≈: Kohlehydrat 14,2g. BE 1,2 Eiweiß 1,9g. Fette 2,4
Portion: ≈ Kohlehydrat 30,8g. BE 2,6 Eiweiß 4,2g. Fette 5,3
µg. - Ph:23,02 Na:1,45 Ka:165,76 Mg:9,44 Ca:3,73 Fe:0,2 Zn:0,07 Col.:0,01 Hsr.:7,27

Zutaten:
Kartoffel 6-8 Stück / 420g. (ja)
Salz Kräutersalz 1 Prise / 1g. (wenig)
Olivenöl 1 EL / 10g. (ja)
Rosmarin 1 TL / 2g. (ja)

Kochanleitung:
Kartoffeln der Länge nach halbieren, mit etwas Olivenöl bestreichen, salzen, 2-3 Rosmarinnadeln auf jede halbe Kartoffel streuen, auf Backblech setzen und im vorgeheizten Backofen ca. 25 Min. bei 190 Grad backen.

3.46 Sellerie-Kartoffel-Cremesuppe

Senkt Blutdruck, stärkt Immunsystem, fördert Gewichtsabnahme. Gut bei Abwehrschwäche, Appetitlosigkeit, Blähungen, Depressionen, Diabetes, Durchfall, Verdauungsschwäche.

Anzahl Portionen: 4
Kalorien p. Portion 113
Gramm p. Portion 241,5
Kochdauer ca. 45 Min.
Allergene: GL
(Kohlehydrat:83,35% / Eiweiß & Fett:16,65%)
100g. ≈: Kohlehydrat 15,9g. BE 1,3 Eiweiß 0,9g. Fette 2,3
Portion: ≈ Kohlehydrat 38,4g. BE 3,2 Eiweiß 2,2g. Fette 5,5
µg. - Ph:5,96 Na:3,46 Ka:23,98 Mg:22,27 Ca:83,51 Fe:0,18 Zn:0,02 Col.:0 Hsr.:1,49

Zutaten:
Olivenöl 1 EL / 10g. (ja)
Zwiebel weiss 1/2 Stück / 25g. (ja)
Grundrezept für eine Gemüsebrühe 700 ml. / 700g. (ja)
Kartoffel 200 g / 200g. (ja)

Muskatnuss 1 Prise / 0,5g. (ja)
Kümmel 1 Prise / 0,5g. (ja)
Zitrone Schale 1/4 Stück / 1g. (ja)
Creme fraîche 2 EL / 20g. (wenig)
Salz 1 Prise / 1g. (wenig)
Petersilie 1 EL / 8g. (ja)

Kochanleitung:

Das Olivenöl in einem Topf leicht erhitzen und Zwiebelwürfel darin bei milder Hitze ganz weich dünsten. Mit Gemüsebrühe (nach Grundrezept) aufgießen und zugedeckt 15 Min. köcheln lassen. Kartoffelwürfel, kleingeschnittenen Sellerie, Muskat, Kümmel und Zitronenschale zugeben und zugedeckt weitere 12 Min. leicht kochen. Kartoffeln und Sellerie sollen weich sein, aber nicht zerfallen. Zitronenschale entfernen, mit dem Mixstab oder im Mixer die Suppe mit Crème fraîche fein pürieren und mit Salz abschmecken. Suppe portionsweise mit der kleingehackten Petersilie anrichten.

3.47 Spargel-Kräuter-Ragout

Harntreibend, fördert Durchblutung, beugt Krebs vor, löst Stagnation, fördert Gewichtsabnahme, regt Leberfunktion an. Gut bei Abwehrschwäche, Appetitlosigkeit, Blähungen, Bluthochdruck, Depressionen, Diabetes, Durchfall.

Anzahl Portionen: 4
Kalorien p. Portion   168
Gramm p. Portion   465,5
Kochdauer ca.   30 Min.
Allergene: GL
(Kohlehydrat:78% / Eiweiß & Fett:22%)
100g. ≈: Kohlehydrat 9g. BE 0,8 Eiweiß 1,6g. Fette 0,9
Portion: ≈ Kohlehydrat 42g. BE 3,5 Eiweiß 7,5g. Fette 4,1
µg. - Ph:2,55 Na:0,54 Ka:11,94 Mg:2,69 Ca:9,45 Fe:0,06 Zn:0,02 Col.:0 Hsr.:1,09

Zutaten:

Grundrezept für eine Gemüsebrühe 500 ml / 500g. (ja)
Zitrone Schale 1/2 Stück / 3g. (ja)
Koriander 1/4 TL / 1g. (ja)
Muskatnuss 1 Prise / 0,3g. (ja)
Spargel (grün oder weiß) 800 g. / 800g. (ja)
Petersilie 1 Bund / 125g. (ja)
Creme fraîche 2 EL / 30g. (wenig)
Zitrone Saft 1 TL / 3g. (ja)
Kartoffel 400 g. / 400g. (ja)

Kochanleitung:
Kartoffeln in reichlich gesalzenem Wasser ca. 20 Min. weich kochen. Gemüsebrühe mit Zitronenschale, Koriander und Muskat zum Kochen bringen. Den geschälten und in Stücke geschnittenen Spargel darin weich kochen. Spargel in ein Sieb abgießen. Die Flüssigkeit auffangen und im Mixer mit 200 g (die unteren Enden) des gekochten Spargels und der Petersilie zu einer glatten Soße mixen. Crème fraîche einrühren, den Spargel untermischen und nochmals erhitzen. Mit Zitronensaft, Salz und Pfeffer abschmecken und mit den Kartoffeln servieren.

3.48 Tee aus Grüntee

Fördert Verdauung, harntreibend, löst Schleim, entgiftet, regt Nerven an, reduziert Blutfett, senkt Cholesterinspiegel, lindert Entzündungen.
Anzahl Portionen: 1
Kalorien p. Portion 3
Gramm p. Portion   122
Kochdauer ca.   10 Min.
(Kohlehydrat:20% / Eiweiß & Fett:80%)
100g. ≈: Kohlehydrat 0g. BE 0 Eiweiß 0g. Fette 0
Portion: ≈ Kohlehydrat 0g. BE 0 Eiweiß 0g. Fette 0
µg. - Ph:5,61 Na:1,07 Ka:27,59 Mg:4,07 Ca:9,43 Fe:0,04 Zn:0,1 Col.:0 Hsr.:0

Zutaten:
Grüner Tee 1 TL / 2g. (ja)
Wasser 1 Tasse / 120g. (ja)

Kochanleitung:
Pro Tasse verwendet man einen Teelöffel voll oder einen Teebeutel. Grüntee nur mit 60-80 Grad heißem Wasser aufbrühen, da er sonst bitter wird. Soll der Tee eine anregende Wirkung haben, lässt man ihn 2-3 Min. ziehen. Eher beruhigend wirkt er bei einer Ziehdauer von 5 Min. (nicht länger, sonst wird er bitter!). Eine andere Methode: Man übergießt die Teeblätter mit ca. 70 Grad heißem Wasser und gießt es sofort wieder ab. Dann einfach noch mal heißes Wasser nachgießen. Die Bitterstoffe verschwinden und der Tee bekommt ein milderes Aroma.

3.49 Tee aus Rooibos

Antioxidativ, entzündungshemmend, antibakteriell, antiviral, antifungal, entgiftend (basisch), krebshemmend, schützt durch enthaltene Flavonoide, positive Wirkung bei Alzheimer und Arteriosklerose. Antiallergisch, hemmt die Histaminausschüttung.

Anzahl Portionen: 5
Kalorien p. Portion 0
Gramm p. Portion 200,2
Kochdauer ca. 10 Min.
(Kohlehydrat:0% / Eiweiß & Fett:0%)
100g. ≈: Kohlehydrat 0g. BE 0 Eiweiß 0g. Fette 0
Portion: ≈ Kohlehydrat 0g. BE 0 Eiweiß 0g. Fette 0
µg. - Ph:0 Na:0,2 Ka:0 Mg:0,2 Ca:1 Fe:0 Zn:0 Col.:0 Hsr.:0

Zutaten:

Wasser 1 Liter / 1000g. (ja)
Rooibos 3-4 TL

Kochanleitung:

Rooibos mit einem Liter kochenden Wasser überbrühen und 6-10 Min. ziehen lassen. Bei weichem Wasser können Sie weniger Tee für die Zubereitung nehmen, bei härterem Wasser empfehlen wir eine höhere Dosierung.

3.50 Tee aus Zimt

Antibakteriell, durchblutungsfördernd, harntreibend, krampflösend, schleimlösend, schmerzstillend, schweißtreibend, Blutzuckerspiegel senkend. Gut bei Appetitlosigkeit, Blähungen, Diabetes, Erbrechen, Erkältung, Fieber, Übelkeit.
Anzahl Portionen: 1
Kalorien p. Portion 2
Gramm p. Portion 126
Kochdauer ca. 15 Min.
(Kohlehydrat:92% / Eiweiß & Fett:8%)
100g. ≈: Kohlehydrat 0,6g. BE 0,1 Eiweiß 0g. Fette 0
Portion: ≈ Kohlehydrat 0,8g. BE 0,1 Eiweiß 0g. Fette 0
µg. - Ph:0,48 Na:1,19 Ka:3,73 Mg:1,43 Ca:14,32 Fe:0,04 Zn:0,1 Col.:0 Hsr.:0

Zutaten:

Zimtstange 1/4 Stück / 1g. (ja)
Wasser 1 Tasse / 125g. (ja)

Kochanleitung:

Pro Tasse ¼ Stange Zimt kalt ansetzen und kurz aufkochen. Nach 15 Min. abseihen. Dieser Tee wird ungesüßt und schluckweise langsam getrunken. Die Menge reicht für einen Tag.

4 Wirkung der Lebensmittel

4.1 Zutaten verwenden: empfehlenswert

Gurke (bitter)   Margarine (Diät)

4.2 Zutaten verwenden: ja

Adzukibohnen
Agar-Agar, Agartang
Amaranth
Amaranth POPS
Ananas
Ananassaft ungezuckert
Andornkraut
Angelikawurzel
Anis (gemeiner Fenchel)
Apfel (sauer)
Aprikose
Artischocke
Aubergine
Austern
Austernpilze
Austernschalenpulver
Avocado
Backpulver
Baldrian
Bambussprossen
Banchatee
Bärentraubenblätter
Bärlauch (Knoblauchspinat)
Barsch
Basilikum
Basilikum (frisch)
Bataviasalat
Beeren der Saison
Benediktinerdistel
Berberitzenrindetee
Birne
Bitterklee
Bitterorangenschale
Blattsalate (bitter)
Blumenkohl (Karfiol)
Blütenpollen
Bocksdornfrüchte (Fructus Lycii) getrocknet
Bockshornklee
Bohnen (grün, frisch)
Bohnenkraut
Bohnenöl

Borretsch
Borretschöl
Boxhornkleesamen
Bratöl
Brennnessel
Brie
Brokkoli
Brombeerblätter
Brombeere
Brombeere getrocknet (unreife)
Brösel (Weizenbrot, Semmel)
Brot mit Johannisbrotkernmehl
Buchweizen
Buchweizen (geröstet) Kasha
Buchweizen Vollkorn
Bulgur (Getreide)
Buschbohnen
Butter (halbfett)
Butterbohnen weiße
Buttermilch
Calamari
Camembert
Campari
Cashewnüsse
Champignon
Channa-Dal
Chenpi (chinesische Mandarinenschale)
Chicorée
Chili (Schote oder gemahlen)
Chinakohl
Chlorella (Süßwasser)
Chrysanthemenblütentee
Clementinen
Colagetränk (kalorienarm)
Couscous
Cranberries
Cumin (Kreuzkümmel)
Curry
Currypaste rot
Dashi
Datteln rot

Dill
Dinkel
Dinkel Brot
Dinkel Flocken
Dinkel Gries
Dinkel Vollkornmehl
Distelöl
Dornhai (Seeaal, Schillerlocken)
Dorsch
Dulse (Lappentang)
Edamer
Eibennuss
Eibisch (Hibiscus)
Eisbergsalat
Endiviensalat
Enzianwurzel
Erbse, grün
Erbsen
Erdbeere
Erdnüsse
Erdnussöl
Essig (Apfelessig)
Essig (Rotweinessig)
Essig Aceto Balsamico
Essig Aceto Balsamico weiss
Essiggurke
Estragon
Färberdiestel (Hong Hua)
Färberginsterkraut
Fasan
Feige
Feldsalat
Fenchel
Fenchelsamen gemahlen
Fencheltee
Fernet Branca (Kräuterbitterlikör)
Feta
Fisch Innereien
Fischreste
Fischsouce
Fischstücke gemischt (Süßwasser)
Flaschenkürbis
Flohsamen
Flunder
Forelle
Forelle (geräuchert)
Frischkäse
Frischkäse aus Soja
Frischkäse mit Kräuter
Früchtetee
Gagelpflaume
Galgant
Gänseblümchen
Gänseblut

Gänseei
Garam Masala Pulver
Garnele
Gelatine weiss
Gelee Royal
Gemüsesaft
Gerste
Gerste (Nacktgerste)
Gerste (Perlgerste)
Gerstengras Pulver
Gerstengraupen
Gerstengrütze
Gerstenmalz
Gerstenmehl
Getreidekaffee
Gewürznelke
Ginkgofrucht
Ginsengwurzel
Glühweingewürzmischung
Gouda
Granatapfel
Grapefruit getrocknete Schale
Grapefruit/Pampelmuse/Pomelo
Grapefruitsaft
Graskarpfen
Grüner Tee
Grünkern
Guave
Gurke
Gurke (Gewürzgurke)
Hafer
Hafer Flocken (Vollkorn)
Hafer Flocken geröstet
Hafer Mehl
Hafer Milch
Hafer Schmelzlocken (Babynahrung)
Hafer Schrot
Hagebutte
Hagebuttentee
Haifisch
Hammel
Hase
Hase, wild
Haselnüsse
Hefe
Heidelbeere
Heilbutt
Hering
Hibiskustee
Hijiki
Himbeerblättertee
Himbeere
Hiobsträne (Samen) YiYi Ren
Hirsch Fleisch

Hirsch Knochen
Hirse
Hirseflocken
Hokkaidokürbis
Holunderbeeren
Holunderblütentee
Honigmelone
Hopfen
Huhn Blut
Huhn Ei
Huhn Eigelb
Huhn Eiweiß
Huhn Fleisch
Hummer
Hüttenkäse
Ingwer frisch
Ingwer Pulver
Ingweröl
Jakobstränen
Jasminblütentee
Joghurt (natur, 1,5 % Fett)
Johannisbeere (rot)
Johannisbeere (schwarz)
Johannisbeere (weiß)
Johannisbrotkernmehl
Kabeljau
Kaffee
Kaffeeweißer
Kakao
Kaki-Pflaume
Kaktusfeige
Kalmus
Kamille
Kaninchen Fleisch
Kapern (eingelegt)
Kapuzinerkresse
Karambole/Sternfrucht
Karausche
Kardamom
Karotte (Frühkarotte)
Karotte (Mohrrübe, Möhre)
Karottensaft ohne Zucker
Karpfen
Kartoffel
Kartoffel (mehlige)
Kartoffelmehl
Käsepappeltee
Kastanien (Maronen)
Kaviar
Kefir
Kerbel
Kerbel getrocknet
Kichererbsen
Kirsche

Kirsche (sauer)
Kiwi
Klementine
Klettenwurzeltee
Knäckebrot
Knoblauch
Kohlrabi
Kohlrübe
Kokosflocken
Kokosmilch
Kokosnussfleisch
Kokosraspeln
Kombualge
Kopfsalat
Koriander
Koriandergrün
Krabbe
Krake
Kräuter bittere
Kräuter der Provence
Kräuter verschiedene
Kräuter Wildkräuter
Kräuterteemischung
Kresse
Kuhmilch (1,5 % Fett)
Kukichatee
Kümmel
Kümmel gemahlen
Kumquat
Kürbis
Kürbiskerne
Kürbiskernöl
Kurkuma (Gelbwurz)
Kuzu
Lachs
Lamm Fleisch
Lamm Knochen
Lamm Schulter
Languste
Lauch (Porree)
Lauchzwiebel Schnittlauch
Lavendelblüten
Leberglättertee
Leinöl
Leinsamen
Leinsamen (geschrotet)
Liebstöckel
Liebstöckelsamen
Limabohnen
Lindenblütentee
Linsen (Helmbohnen)
Linsen gelb
Linsen rot
Linsen schwarz

Longane
Loquate/Japanische Mispel
Lorbeerblatt
Lotossamen
Lotoswurzeln
Löwenzahn (junger)
Löwenzahnsaft
Löwenzahnwurzeltee
Luohan-Frucht
Lychee
Lychee (Konserve)
Magermilchpulver
Mais
Mais (geröstet)
Mais (Schnellpolenta)
Mais Gries (Polenta)
Mais Mehl (Maizena)
Maishaartee
Maiskeimöl
Maisstärke
Majoran
Makannastern Samen
Makrele
Malventee
Malz
Mandarine
Mandelmilch
Mandelmus
Mandeln
Mango
Mangopulver
Maniokmehl
Margarine
Martini
Mayonnaise 80%
Meeräsche
Meereskrebs
Mehrkornbrot (Graubrot)
Melisse
Miesmuscheln
Mineralwasser
Mirabelle
Miso
Miso schwarz (fermentiert)
Mispel
Mittelmeerfisch (Kabeljau, Scholle,
Schellfisch, Seeaal, Makrele)
Mixed Pickels
Mohn
Molke
Moosbeere
Morchel (schwarz, getrocknet)
Mozzarella
Mu-Erh-Pilz

Mungbohne
Mungbohnensprossen
Muskatnuss
Müsli
Nachtkerzenöl
Nektarine
Nelke
Nierenbohnen (rote)
Nori, Purpurtang, Rotalge
Nudeln (Vollkorn) mit Ei
Nudeln (Weizen) mit Ei
Nudeln (Weizen, Bandnudeln) mit Ei
Nudeln (Weizen, Lasagneblätter) mit Ei
Nudeln (Weizen, Spagetti) mit Ei
Odermennig
Okra
Oliven
Oliven grün
Olivenöl
Orange
Orange abgeriebene Schale
Orange getrocknete Schale
Orange Schale
Orangenblüten
Oregano frisch
Oregano getrocknet
Palmöl
Papaya
Paprika
Paprika (Rosenpaprikapulver)
Paprika (süß)
Paranuss
Passionsblumenblütentee
Passionsfrucht (Maracuja)
Pastinake
Peperoni
Peperoni, gelb, entkernt, halbiert
Peperoni, rot, entkernt, halbiert
Petersilie
Petersilienwurzel
Pfeffer Cayenne
Pfeffer Körner
Pfeffer weiss (gemahlen)
Pfefferminze
Pfefferminztee
Pfeilwurzelmehl
Pferd Fleisch
Pfifferlinge/Eierschwammerl
Pfirsich
Pfirsich (Dose)
Pflaume
Piment
Pinienkerne
Pintobohnen gesprenkelt

Pistazien
Preiselbeere
Preiselbeersaft
Puddingpulver Vanille
Pumpernickel
Pute Brustfleisch
Pute Schinken
Qualle
Quargel 20%
Quinoa
Quitte
Radicchio
Radieschen
Rapsöl
Reh Fleisch
Reineclaude
Reis Basmatireis
Reis Duftreis
Reis Gaoliangreis (Sorghum)
Reis Klebreis
Reis Langkornreis
Reis Reisschleim
Reis Roter
Reis Rundkornreis
Reis Schwarzer
Reis Sorte beliebig
Reis Vollkorn
Reis Wilder (Naturreis)
Reishi
Reismalz
Reismehl
Reisnudeln
Reisstärke
Rettich (weiß, grün, lila-rot)
Rettich Meerrettich (Kren)
Rettich schwarz
Rettichblätter (vom Wochenmarkt)
Rhabarber
Rind (Kalb)
Rind Filet
Rind Fleisch
Rind Fleischknochen
Rind Lunge (Kalb)
Roggen
Roggen Vollkornbrot
Roggenmehl
Römersalat/Lattich-Salat
Rosenblättertee
Rosenblütentee
Rosenkohl
Rosmarin
Rotbarsch
Rote Grütze (ohne Zucker)
Rote Rübe

Rotwein
Safran
Sago (Getreide)
Sahne 10% Kaffeesahne
Sahne sauer 10%
Sake
Salbei
Sanddorn
Sardellen/Sardine
Saubohnen (Dicke Bohnen)
Sauerampfer
Sauerkirsche
Sauerkraut
Sauermilch
Sauerteig
Schaffleisch
Schafgarbe
Schafgarbentee
Schafmilch Joghurt
Schafskäse
Schafsmilch
Schimmelkäse
Schlehdorn
Schmelzkäse 12%
Schnecke
Scholle
Schwarzaugenbohnen
Schwarze Bohnen
Schwarzer Fungu Pilz
Schwarzkümmel
Schwarztee
Schwarzwurzel
Schwedenkraut (Schwedenbitter)
Schwein Blut
Schwein Fleisch
Schwein Haut
Schwein Haxe (Eisbein)
Schwein Lunge
Schwein Schinken
Schwein Schinken gekocht
Schwein Schinken geselcht
Seegurke
Sellerie Knolle
Sellerie Stangensellerie
Senf
Senf Dijon
Senf mittelscharf
Senf süß
Senfsamen
Sesam Paste (Tahini)
Sesam, Schwarzer
Sesam, Weißer
Sesamöl
Sesamöl geröstet

Shiitake, getrocknet
Shrimps
Silbermorchel, getrocknet
Soja Cuisine (Soja-Sahne)
Soja Tofu
Soja Tofu geräuchert
Sojabohne
Sojabohnen, Gelbe
Sojabohnen, Schwarze
Sojabohnen, Schwarze, fermentiert
Sojabohnenmilch
Sojacreme
Sojamehl
Soja-Nudeln
Sojaöl
Sojapaste (Miso)
Sojasauce
Sonnenblumenkerne
Sonnenblumenöl
Spargel (grün oder weiß)
Speiserüben
Spinat
Spitzwegerichtee
Stachelbeere
Stangenbohnen (Fisolen)
Steinpilz/Herrenpilz
Sternanis
Stevia (Süßkraut)
Stutenmilch
Süßholzwurzeltee
Süßkartoffel
Süßwasserfisch
Süßwasserkrebs
Tabasco
Taube
Taube Ei
Teemischung Harnsäuresenkend
Thunfisch
Thymian
Thymian getrocknet
Tintenfisch
Toastbrot (Vollkorn)
Tomate
Tomate getrocknet
Tomatenmark
Topfen (Quark) 20%
Traubenkernöl
Trüffel
Tsampa (geröstetes Gerstenmehl)
Umeboshipaste
Umeboshipflaumen (Japanaprikosen)
Vanille
Vanillepulver
Vanilleschote

Vogelmiere
Vogerlsalat (Pflücksalat)
Vollkornbrot
Vollkornbrot mit ganzen Körner
Vollkornmehl
Wacholderbeere
Wachskürbis
Wakame
Walderdbeeren
Walnüsse
Walnussöl
Wasser
Wasser heiss
Wassermelone
Weißdorn
Weiße Bohnen
Weißfischchen
Weißkohl/Weißkraut
Weißwurz
Weizen
Weizen Bulgurweizen
Weizen Fladenbrot
Weizen Gras Pulver
Weizen Gries
Weizen Gries - Kindergries
Weizen Mehl
Weizen Mehl Vollkorn
Weizen/Roggen Grau- Schwarzbrot mit Hefe
Weizengrassaft
Weizenkeimöl
Weizenkleie
Wermutkraut
Wildkräuter
Wildschwein Fleisch
Wirsing/Grünkohl
Yamswurzel, Yamswurzelknolle
Yogitee
Ysop
Ziege
Ziegen- und Schafsblut
Ziegen- und Schafsmilch
Ziegenkäse
Zimtpulver
Zimtstange
Zitrone
Zitrone Saft
Zitrone Schale
Zitrone, Limette
Zitronengras
Zitronenmelisse (frisch)
Zitronenmelisse (getrocknet)
Zucchini
Zucker Fructose Fruchtzucker

Zucker Glukose Traubenzucker
Zucker Milchzucker
Zuckerersatz (Süßstoff)
Zwetschken
Zwieback

Zwiebel Frühlingszwiebel
Zwiebel rot
Zwiebel Schalotte
Zwiebel weiss

4.3 Zutaten verwenden: wenig

Aal
Aal geräuchert
Acerola Fruchtnektar oder Pulver
Agavendicksaft
Ahornsirup
Aloesaft
Apfel (süß)
Apfelmus
Apfelsaft (Naturtrüb)
Aprikose getrocknet
Aprikosen Marmelade
Aprikosennektar
Banane
Banane Kochbanane
Beerensaft
Bier (alkoholarm)
Bier (alkoholfrei)
Bier (Altbier)
Bier (Pils)
Birnensaft
Bitter Lemon
Bitterlikör
Blätterteig
Brombeermarmelade
Brötchen (Semmel)
Butter Bio
Butterschmalz
Colagetränk
Creme fraiche
Datteln getrocknet
Emmentaler
Ente (Frühmastente, schlachtfrisch)
Ente (Herz)
Entenei
Erdbeermarmelade
Erdbeersaftgetränk
Erdnuss (geröstet)
Erdnussbutter
Feige getrocknet
Fruchtzucker (Fruktose,
Traubenzucker)
Gans
Gans (Gänseklein)
Gans (Gänseschmalz)
Ginsenglikör
Gorgonzola

Heidelbeere getrocknet
Heidelbeermarmelade
Heidelbeersaft
Himbeere getrocknet (unreife)
Himbeermarmelade
Hirsch Nieren
Honig
Honigwein (Met)
Huhn Herz
Huhn Leber
Huhn Magen
Joghurt (natur, 3,5 % Fett)
Johannisbeermarmelade (rot)
Johannisbeermarmelade (schwarz)
Johannisbeernektar (schwarz)
Kaninchen Leber
Kirschenkompott
Kirschsaft
Kokosfett
Kompott (Früchte der Saison)
Korinthen (rot)
Korinthen (schwarz)
Kuhmilch (Vollmilch 3,5 % Fett)
Lamm Leber
Lamm Nieren
Laugengebäck
Löffelbiskuit
Lycheelikör
Malzbier
Mandeln Marzipan
Mangold
Mangosaft
Marillen
Marillensaft
Maulbeerfrucht
Mayonnaise 50%
Obstmischung Fruchtsaft
Orangenmarmelade
Orangensaft
Parmesan
Pflaume getrocknet
Preiselbeermarmelade
Prosecco
Reis Süßer
Rind Herz
Rind Herz (Kalb)

Rind Knochenmark
Rind Leber
Rind Magen
Rind Niere
Rind Ochsenschwanzstücke
Rind Suppenfleisch
Rosinen
Rotkohl
Rum
Sahne sauer 20%
Sahne sauer 30%
Sahne, süß 30%
Salz
Salz Kräutersalz
Sauerrahm 15% Fett
Schmelzkäse 30%
Schnaps
Schokolade
Schokolade (Diabetiker)
Schwein Bratwurst
Schwein Darm
Schwein Fett
Schwein Herz
Schwein Hirn
Schwein Leber
Schwein Magen
Schwein Markknochen
(Röhrenknochen)
Schwein Mettwurst
Schwein Nieren
Schwein Schinkenspeck
Schwein Schmalz
Sherry

Tomatenpüre
Tomatensaft
Tonicwasser
Topfen (Quark) 40%
Trauben rot
Trauben weiß
Traubensaft rot
Traubensaft weiß
Vanillezucker natur
Wachtel
Wachtel Ei
Walnüsse geröstet
Weißbrot (Weizenbrot)
Weißbrot Baguette
Weißbrot Brösel (Weizenbrot)
Weißbrot Knödelbrot (Weizenbrot)
Weißbrot Salzstangerl
Weißbrot Semmel
Weißwein
Weizen Bier
Weizen Flocken
Wermut
Ziegen- und Schafshirn
Ziegen- und Schafsleber
Ziegen- und Schafsmagen
Zucker (Staubzucker)
Zucker (weiß, aus Rüben)
Zucker braun
Zucker Kandis weiß
Zucker Melasse
Zucker Palmzucker
Zucker Ursüße (Zuckerrohr) süß

4.4 Kontraindikativ wirkende Lebensmittel nicht verwenden

Ananas (aus der Dose)

Astronautenkost

5 Komplementär

5.1 Heil-Tee (Aufguss)

5.1.1 Brennnessel Blätter

Appetitanregend, Blutreinigend, Blutstillend, Durchfall, Fördert die Blutbildung, Haarwuchsfördernd, Harntreibend, Harnwegserkrankungen, Rheumatismus, Schleimlösend, Stoffwechselanregend, Rheuma, Arthritis, Blutzuckersenkend, Entgiftend.
2-4 Teelöffel des Tees mit 250 ml kochendem Wasser übergießen und 10 Minuten ziehen lassen. Danach absieben. Nach Bedarf 2 bis 3 Tassen pro Tag trinken.
Wirkstoffe: Flavonoide, Chlorophylle, Vitamine, Mineralsalze, Beta-Sistosterin, Pflanzensäure, Histamin in den Haaren,

5.1.2 Rooibos

Antioxidativ, entzündungshemmend, krebshemmend, schützt durch enthaltene Flavonoide, positive Wirkung auch auf Alzheimer, Arteriosklerose. Antiallergisch, hemmt die Histaminausschüttung. Antibakteriell, antiviral, antifungal, entgiftend (basisch).
3-4 Teelöffel Rooibos mit einem Liter kochendem Wasser überbrühen und 6-10 Min. ziehen lassen. Bei weichem Wasser benötigen Sie weniger Tee für die Zubereitung, bei härterem Wasser empfehlen wir eine höhere Dosierung.

5.2 Komplementäre Anwendung

5.2.1 Apitherapie

Die Heilwirkung von Honig, Propolis, Blütenpollen, Gelee Royale und Bienengift: Propolis hat starke antibakteriellen, pilzhemmende und antiallergischen Eigenschaften und unterstützt dadurch jeden Heilungsprozess.
Das Heilen mit Bienenprodukten ist eine der ältesten Therapieverfahren. Die Heilwirkung von Honig, Propolis, Blütenpollen, Gelee Royale und Bienengift sind lange bekannt. Propolis hat starke antibakteriellen, pilzhemmende und antiallergischen Eigenschaften und unterstützt dadurch jeden Heilungsprozess. Blütenpollen ist aufgrund seines Reichtums an essenziellen Aminosäuren, sekundären Pflanzenstoffen (u. a. Flavonoide), organisch gebundenen Mineralstoffen und Vitaminen ein

wichtiges Mittel zur Stärkung der Abwehrkräfte. Das Wachstum von Krebszellen (Neuroblastom) könnte gehemmt werden. Der Wirkstoff Artepillin C soll die Bildung neuer Blutgefäße im Tumor hemmen, was zum Aushungern und damit zur Schrumpfung führen kann. Heute weiß man, dass die Entstehung bestimmter Krebsarten im Zusammenhang mit Viren steht. In dem Propolis seine antivirale Wirkung entfaltet, kann eine krebsvorbeugende und krebshemmende Wirkung entstehen.

5.2.2 Bewusstseinsbildung

Psychologen, Lebens und Sozialberater helfen mit Therapien bei Panikattacken, Ängste, Depressionen und Phobien. Die Zahl der Angstpatienten wächst deutlich. Ursachen sind unter anderem die hohen Anforderungen der heutigen Zeit, Stress, Überspanntheit, unsichere Zukunftsaussichten und schwierige familiäre Situationen. Aber auch traumatische Erfahrungen im Zusammenhang mit der Erkrankung an Krebs können Angstauslöser sein. Typische Beratungsleistungen für Einzelpersonen, Partner, Familien und Paare sind: Persönlichkeitsberatung Mediation (Konfliktberatung) Ehe-, Partnerschafts- und Familienberatung Erziehungsberatung Ernährungsberatung Berufs- und Karriereberatung Sexualberatung (Tantra)

5.2.3 Heilfasten

Das Fasten zählt zu den ältesten Heilmethoden. Entgiftet und baut Immunsystem auf.
Das Fasten zählt zu den ältesten Heilmethoden. In aktuellen Untersuchungen hat sich gezeigt, dass Heilfasten konkret gegen Krebszellen vorgeht und daher eine wichtige Komponente in einer ganzheitlichen Krebstherapie darstellen kann. Es gibt schon seit vielen Jahren mehrere Kliniken, welche die Krebstherapie mit Fastenkuren verbinden und gute Erfolge haben. Die Methode wurde vor mehr als 60 Jahren bereits in Russland angewendet. Da Krebszellen meistens einen sehr hohen Stoffwechsel haben und daher auch viel Energie benötigen, werden beim Fasten auch die Entwicklung gebremst. Grundsätzlich wird beim Fasten auch der Körper von Abfallstoffen gereinigt und dadurch das Immunsystem gestärkt. Die Erfolgsaussichten sind bei den verschiedenen Krebsarten unterschiedlich.
Die Methode des Heilfastens beruht auf der Philosophie, dass durch das Fasten besonders die Krebszellen geschwächt werden. Ich halte diese Methode nur unter ärztlicher Aufsicht durchführbar. Wenn ein Körper während eines Heilungsprozesses massiv geschwächt wird kann es zu massiven Beeinträchtigungen bei der Wundheilung kommen.

5.2.4 Selbsthilfegruppen

Die meisten Mitglieder von Selbsthilfegruppen haben die Erfahrung gemacht, die Belastungen der Erkrankung besser zu bewältigen. Die meisten Mitglieder von Selbsthilfegruppen haben die Erfahrung gemacht, die Belastungen der Erkrankung besser zu bewältigen. Durch den Erfahrungsaustausch werden die für den jeweiligen Krankheitsverlauf besten Möglichkeiten der Mithilfe bei der Therapie erkannt. Durch die Eingliederung in eine Gemeinschaft wird auch der Zustand der Einsamkeit in seiner Situation bewältigt. Speziell bei der Lösungsfindung zu einzelnen Situationen können selbst Betroffene viel glaubwürdiger ihr Fachwissen vermitteln als Personen, welche die Methoden lediglich theoretisch gelernt haben. Die Mitglieder können außerdem meistens besser mit Ärzten und Therapeuten sprechen, weil die Themen bereits in den Gruppen besprochen wurden. Außerdem gelingt den Selbsthilfegruppen oft kritische und innovative Impulse auszudrücken, welche zur Veränderung und zum Umdenken im professionellen Bereich beitragen. In Selbsthilfegruppen wird Fachwissen zusammengetragen und durch Erfahrungen der einzelne Betroffenen ergänzt. So entsteht ein ganzheitliches Wissen, das die Mitglieder befähigt, Entscheidungen fundiert zu treffen und in unüberschaubaren System der Therapieangebote professionelle Dienste sinnvoll zu nutzen. Patienten, die in der Selbsthilfe engagiert sind, haben oft kürzere Klinikaufenthalte, weniger Therapiestunden und einen geringeren Medikamentenverbrauch.

5.3 Speisezugabe

5.3.1 Stevia (Süßkraut)

Süßstoff für Diabetiker oder für Gewichtsreduktion. Blutdrucksenkende, antimikrobielle, gefäßerweiternde Wirkung.
Achtung - mit Ihrem Arzt oder Therapeuten absprechen.
Als Süßstoff, getrocknet oder frisch
In einigen Studien wurden fruchtschädigende und mutagene Wirkungen in Hamstern und Ratten beschrieben, außerdem eine Mutagenität in vitro. In der EU als Lebensmittel nicht zugelassen. Stevia-Anhänger wittern dahinter eine Verschwörung der Zuckerlobby und Voreingenommenheit der EU-Kommission. Schließlich wird Steviosid in Asien seit Jahrzehnten als Süßstoff verwendet – bisher ohne negative Folgen.
Die der WHO vorliegenden Studien bezüglich der Auswirkungen von Steviol in vivo haben keine Hinweise auf mutagene Wirkungen am Menschen ergeben. Nur auf eigene Gefahr.

5.4 Verschiedene Möglichkeiten

5.4.1 Tintenpilz, Schopftintling, Spargelpilz

Entzündungshemmend, senkt Blutzucker, regt Peristaltik an.
Der Spargelpilz enthält viel Vitamin C und B3, Riboflavin und Thiamin.
Der getrocknete Pilzes besteht zu 22-38% aus Eiweiß, darin enthalten 20
freie Aminosäuren. Hoher Mineral- und Spurenelementgehalt. Stark
antioxidativ und entzündungswidrig wirkend. Senkt den Blutzucker. Das
beruht zum Großteil auf den hohen Gehalt organisch gebundenem
Vanadium. Hoher Gehalt an Lektine regt die Peristaltik an.
Sie können empfindlich mit Durchfällen reagieren, probieren Sie zuerst
kleine Portionen aus.

6 Grundlagen der Ernährung

Die hier beschriebenen Grundlagen der Ernährung zeigen allgemeine Empfehlungen und beziehen sich nicht auf eine spezielle Therapieform. Die Empfehlungen der Therapie haben Vorrang.

6.1 Ernährung

Die regelmäßige Einnahme von Mahlzeiten in entspannter Atmosphäre. Ein wärmendes Frühstück gilt als guter Start in den Tag. Mittags sollte die Hauptmahlzeit stattfinden - das Abendessen am frühen Abend.

Die Beachtung von Hunger- und Sättigungsgefühlen: Nicht überessen und nicht hungern, so lautet die Regel.

Die frische Zubereitung der Speisen aus naturbelassenen, regionalen Produkten. Tiefgekühlte, hitzekonservierte, industriell vorgefertigte oder mikrowellengegarte Lebensmittel werden gemieden.

Die Auswahl von Lebensmittel nach der Jahreszeit: Im Sommer mehr kühlende Nahrung, im Winter mehr wärmende Nahrung.

Mindestens zweimal am Tag Gekochtes essen. Speisen und Getränke sollen möglichst handwarm, niemals eiskalt oder heiß sein.

Rohkost, kurz gegartes Gemüse, frisch gepresste Säfte und Mineralwasser werden üblicherweise nicht empfohlen. Milch und Milchprodukte stehen nur dann auf dem Speiseplan, wenn sie problemlos vertragen werden.

Therapeutische Rezepte nicht über einen längeren Zeitraum ohne Rücksprache mit dem Arzt oder Therapeuten einnehmen.

1. Vielseitig essen

Lebensmittelvielfalt genießen. Merkmale einer ausgewogenen Ernährung sind abwechslungsreiche Auswahl, geeignete Kombination und angemessene Menge nährstoffreicher und energiearmer Lebensmittel. (Einerseits Schutz vor Unterversorgung mit essentiellen Nährstoffen und andererseits Schutz vor einer überhöhten Zufuhr unerwünschter Inhaltsstoffe.)

2. Reichlich Getreideprodukte - und Kartoffeln

Brot, Nudeln, Reis, Getreideflocken (am besten aus Vollkorn), sowie

Kartoffeln enthalten kaum Fett, aber reichlich Vitamine, Mineralstoffe, Spurenelemente sowie Ballaststoffe und sekundäre Pflanzenstoffe. Diese Lebensmittel sollten mit möglichst fettarmen Zutaten verzehrt werden.

3. Gemüse und Obst - Nimm "5" am Tag ...
5 Portionen Gemüse und Obst am Tag, möglichst frisch, nur kurz gegart, oder auch eine Portion als Saft – idealerweise zu jeder Hauptmahlzeit und auch als Zwischenmahlzeit: Damit werden reichlich Vitamine, Mineralstoffe sowie Ballaststoffe und sekundären Pflanzenstoffe (z.B. Carotinoiden, Flavonoiden) zugeführt. Das Beste, was man für die eigene Gesundheit tun kann.

4. Täglich Milch und Milchprodukte, ein- bis zweimal in der Woche
Fisch; Fleisch, Wurstwaren sowie Eier in Maßen. Diese Lebensmittel enthalten wertvolle Nährstoffe, wie z.B. Calcium in Milch, Jod, Selen und Omega-3-Fettsäuren in Seefisch. Fleisch ist wegen des hohen Beitrags an verfügbarem Eisen und an den Vitaminen B1, B6 und B12 vorteilhaft. Mengen von 300 - 600 g Fleisch und Wurst pro Woche reichen hierfür aus. Fettarme Produkte bevorzugen, vor allem bei Fleischerzeugnissen und Milchprodukten.

5. Wenig Fett und fettreiche Lebensmittel
Fett liefert lebensnotwendige (essenzielle) Fettsäuren und fetthaltige Lebensmittel enthalten auch fettlösliche Vitamine. Fett ist besonders energiereich, daher kann zu viel Nahrungsfett Übergewicht fördern, möglicherweise auch Krebs. Zu viele gesättigte Fettsäuren fördern langfristig die Entstehung von Herz-Kreislauf-Krankheiten. Pflanzliche Öle und Fette bevorzugen (z.B. Raps-, Oliven- und Sojaöl und daraus hergestellte Streichfette). Auf unsichtbares Fett achten, das in Fleischerzeugnissen, Milchprodukten, Gebäck und Süßwaren sowie in Fast-Food- und Fertigprodukten meist enthalten ist. Insgesamt 70 - 90 Gramm Fett pro Tag reichen aus.

6. Zucker und Salz in Maßen
Nur gelegentlich Zucker und Lebensmittel, bzw. Getränke verzehren, die mit verschiedenen Zuckerarten (z.B. Glucose Sirup) hergestellt wurden. Kreativ mit Kräutern und Gewürzen und wenig Salz würzen. Jodiertes Speisesalz bevorzugen.

7. Reichlich Flüssigkeit
Wasser ist absolut lebensnotwendig. Jeden Tag rund 1-2 Liter Flüssigkeit trinken. Wasser (ohne oder mit Kohlensäure) und andere kalorienarme Getränke bevorzugen. Alkoholische Getränke sollten nicht konsumiert

werden.

8. Schmackhaft und schonend zubereiten
Die jeweiligen Speisen bei möglichst niedrigen Temperaturen garen, soweit es geht kurz, mit wenig Wasser und wenig Fett - das erhält den natürlichen Geschmack, schont die Nährstoffe und verhindert die Bildung schädlicher Verbindungen.

9. Sich Zeit nehmen und das Essen genießen
Bewusstes Essen hilft, richtig zu essen. Auch das Auge isst mit. Sich beim Essen Zeit lassen. Das macht Spaß, regt an, vielseitig zuzugreifen und fördert das Sättigungsempfinden.

10. Auf das Gewicht achten und in Bewegung
Ausgewogene Ernährung, viel körperliche Bewegung und Sport (30 bis 60 Minuten pro Tag) gehören zusammen. Mit dem richtigen Körpergewicht fühlt man sich wohl und fördert die Gesundheit.
Thermik, Wirkrichtung, Verdauungskraft
Es gibt unterschiedliche Kriterien, die Wirksamkeit von Kräutern und Lebensmittel zu beurteilen. Der Einsatz der Kräuter und Zutaten basiert auf Beobachtung, was die Lebensmittel, Kräuter und Gewürze nach ihrem Verzehr im Körper bewirken. In der Medizin hat sich daraus folgendes System entwickelt: Jede Zutat oder Kraut hat eine Wirkrichtung. Außerdem gibt es noch Kräuter, die eine besondere Wirkung auf bestimmte Organe haben.

Voraussetzung für einen gesunden Stoffwechsel ist es, darauf zu achten, dass wir ausreichend Energie aus der Nahrung gewinnen und der Verdauungsprozess so wenig Energie wie möglich verbraucht. Eine bekömmliche Mahlzeit macht zufrieden und satt, verursacht keine Blähungen und keine Müdigkeit nach dem Essen. Richtiges Würzen erhöht die Bekömmlichkeit unserer Speisen. Es genügen oft schon geringe Mengen an Kräutern und Gewürzen. Sie dienen nicht dazu, uns satt zu machen, sondern helfen unseren Verdauungsorganen, die Nahrung zu verdauen.

6.2   Rezepte

Die Rezepte zeigen Ihnen welche Zutaten verwendet werden sowie mit der Kochanleitung wie diese zubereitet werden. Bei den Zutaten wird neben den Mengenangaben auch die Wichtigkeit für die Therapie angezeigt. Wenn dabei angezeigt wird "weniger als angegeben" versuchen Sie diese Empfehlung einzuhalten oder eine Alternative aus der Liste der "Empfohlenen Lebensmittel" zu finden. Meistens ist es nur eine leichte geschmackliche Änderung, wenn Sie diese Zutat gänzlich weglassen.

Schonende Kochmethoden: Kochen, dämpfen, pochieren, dünsten
Scharfe Kochmethoden: Grillen, rösten, anbraten, räuchern
Ausgeglichene Kochmethoden: Frittieren, Römertopf

Auf das Einfrieren und Erwärmen in der Mikrowelle sollte verzichtet werden (Denaturierung).

6.3 Lebensmittel

Lebensmittel wirken wie Heilkräuter auf Körper und Geist, nur wesentlich sanfter. Die Ernährungsberatung stützt sich hauptsächlich auf heimische Lebensmittel. Das Wissen über die Wirkungsweisen jedes einzelnen Lebensmittels und das Wissen, wann welche Lebensmittel zur Anwendung kommen, entstammt der Schulmedizin. Verwende Sie möglichst Erzeugnisse aus ökologischen-biologischem Landbau.

Da wegen der besseren Verdaulichkeit grundsätzlich alles lange gekocht und kaum roh gegessen wird, ist die Verträglichkeit hervorragend.

Die Einteilung der Lebensmittel entsprechend ihrer Wirkung auf den Körper und bildet die Basis, um einen ausgewogenen und harmonischen Gesundheitszustand im Körper zu erreichen.

Grundsätzlich empfiehlt die Ernährungsberatung keine bestimmten Lebensmittel für Jedermann. Ausschlaggebend für den individuellen Speiseplan ist vor allem die persönliche Konstitution.

Kaufen Sie nur frisches und reifes Obst und Gemüse ein. Braune Stellen, welke Blätter aber auch unreifes Obst und Gemüse sollten Sie im Supermarkt zurücklassen. Greifen Sie dann zu Tiefkühlware (keine Fertiggerichte!). Tiefkühlobst und -gemüse werden kurz nach dem Ernten schockgefroren und enthalten deshalb oftmals mehr Vitamine und Mineralstoffe als die Ware aus der Obst- und Gemüsetheke! Konserven- und Dosenware dagegen enthält wesentlich weniger Biostoffe. Zudem werden Letztere meist mit Salz, Zucker usw. angereichert. Lassen Sie die Zutaten nach dem Waschen nie im Wasser liegen, denn so gehen viele Vitalstoffe ins Wasser über! Putzen Sie Salate, Früchte und Gemüse erst unmittelbar vor Verzehr.

Beachten Sie bitte die hygienische Verarbeitung der Lebensmittel. Waschen Sie Ihre Salate, Früchte und Gemüse gründlich. Bei Gerichten mit Fleisch bereiten Sie zuerst die Zutaten vor und verarbeiten dann die Fleischprodukte. Reinigen Sie danach die Arbeitsflächen und Werkzeuge besonders gründlich. Holzunterlagen sollten regelmäßig mit leichtem Desinfektionsmittel behandelt werden, um die Keimbildung einzuschränken.

Bewahren Sie Obst und Gemüse möglichst getrennt voneinander auf. Auch geerntete Früchte und Gemüse leben und strömen z.B. Ethylengas aus, das andere Sorten schneller reifen und altern lässt. Fleisch und Fisch in der verschlossenen Verpackung lassen oder in luftdichten Boxen im Kühlschrank aufbewahren.

6.4 Kräuter

Bei der Aufbewahrung und Lagerung von Heilkräutern, müssen gewisse Grundregeln beachtet werden. Grundsätzlich müssen Heilkräuter geschützt vor direkter Sonneneinstrahlung, vor Feuchtigkeit und vor heißen Temperaturen gelagert werden.

Als Gefäße für die Lagerung von Heilkräutern können Gläser, Keramik-Behälter und zur Not auch Plastik-Dosen eingesetzt werden. Plastik ist aber ein sehr unreines Material und sollte daher wirklich nur eine kurzfristige Notlösung sein. Bei Glasbehältern ist darauf zu achten, dass dunkles Glas verwendet wird.

Heilkräuter können nicht beliebig lange aufbewahrt werden. Die Haltbarkeit von Heilkräutern ist auf jeden Fall begrenzt. Durch die Haltbarkeitsdauer kann durch sachgerechte Lagerung wesentlich erhöht werden. So soll der Lagerplatz dunkel, eher kühl und absolut trocken sein. Ein Medizinschrank aus Holz, der nicht direkt bei einer Wärmequelle platziert ist wäre ideal. Um Ihre Heilkräuter nicht wegwerfen zu müssen, kaufen Sie nicht zu große Mengen an Heilpflanzen. Beschriften Sie die Behälter mit dem Namen des Heilkrauts und dem Datum der Ernte bzw. der Verarbeitung.

7   Weitere Ernährungsvorschläge

Folgende Syndrome der Diätetik, der TCM oder als Therapieergänzung bei Krebs sind verfügbar.

DIÄTETIK
1. Ernährung des Säuglings - Beikost
2. Ernährung in der Stillzeit
3. Ernährung im Alter
4. Ernährung von Kindern und Jugendlichen
5. Ernährung von Sportlern
6. Leichte Vollkost
7. Schwangerschaft
8. Vollkost

Eiweiß und Elektrolyt – Nieren
9. (Hämo-)Dialysebehandlung
10. Akutes Nierenversagen
11. Chronische Niereninsuffizienz
12. Nephrotisches Syndrom
13. Nierensteine (Nephrolithiasis)

Gastrointestinaltrakt - Bauchspeicheldrüse
14. Akute Pankreatitis (Entzündung der Bauchspeicheldrüse)
15. Chronische Pankreatitis (Entzündung der Bauchspeicheldrüse)

Gastrointestinaltrakt - Dünndarm und Dickdarm
16. Akute Obstipation (Verstopfung)
17. Chronische Obstipation (Verstopfung)
18. Colon irritabile
19. Divertikulitis
20. Erworbene Laktoseintoleranz (Laktosemalabsorption)
21. Fruktosemalabsorption
22. Glutensensitive Enteropathie (Zöliakie)
23. Kolektomie
24. Kurzdarmsyndrom

Gastrointestinaltrakt - Leber, Gallenblase, Gallenwege
25. Akute und chronische Hepatitis (Entzündung der Leber)
26. Cholelithiasis (Gallensteine)
27. Fettleber
28. Leberzirrhose

Gastrointestinaltrakt - Magen und Zwölffingerdarm
29. Akute Gastritis
30. Chronische Gastritis
31. Magenblutung
32. Ulcus ventriculi und Ulcus duodeni
33. Zustand nach Magenoperation

Gastrointestinaltrakt - Mundhöhle und Speiseröhre
34. Mundschleimhautentzündung
35. Ösophaguskarzinom (Speiseröhrenkrebs)
36. Reflüxösophagitis (Sodbrennen)

spezielle Krankheiten
37. Phenylketonurie (PKU)
38. Rheumatische Gelenkserkrankungen

Stoffwechsel
39. Adipositas (Übergewicht)
40. Diabetes mellitus
41. Essstörungen (Untergewicht)
Fettstoffwechsel
42. Hypercholesterinämie (erhöhter Cholesterinspiegel)
43. Hepatische Enzephalopathie
Herz- und Kreislauf
44. Arteriosklerose (Arterienverkalkung)
45. Herzinsuffizienz
46. Hypertonie (Bluthochdruck)
47. Hyperurikämie und Gicht
veränderter Nährstoffbedarf
48. bei Fieber
49. bei malignen Erkrankungen
50. nach Verbrennungen
51. Strahlen- und Chemotherapie

KREBS
100. Bauchspeicheldrüse
101. Blasenkrebs
102. Blutkrebs (Leukämie)
103. Brustkrebs
104. Darmkrebs
105. Magenkrebs
106. Nierenkrebs
107. Speiseröhrenkrebs

TCM
200. Blase - Feuchte Hitze in der Blase
201. Blase - Feuchtigkeit und Kälte in der Blase
202. Blase - Leere und Kälte in der Blase
203. Dickdarm - Äußere Kälte befällt den Dickdarm
204. Dickdarm - Feuchte Hitze im Dickdarm
205. Dickdarm - Hitze blockiert den Dickdarm II akut
206. Dickdarm - Trockenheit des Dickdarms
207. Dickdarm - Yang Mangel (Kälte)
208. Herz - Blut Mangel
209. Herz - Blut Stagnation
210. Herz - Feuer
211. Herz - Heißer Schleim verstopft die Herzporen
212. Herz - Kalter Schleim verstopft die Herzporen
213. Herz - Qi Mangel
214. Herz - Yang Mangel
215. Herz - Yin Mangel
216. Leber - aufsteigender Leber-Yang
217. Leber - Blut-Mangel
218. Leber - Blut-Stagnation
219. Leber - feuchte Hitze in Leber und Gallenblase
220. Leber - Feuer
221. Leber - Gallenblase Qi-Leere
222. Leber - Kälte im Lebermeridian
223. Leber - Qi-Stagnation

224. Leber - Wind
225. Leber - Wind mit aufsteigendem Leber Yang
226. Leber - Wind mit Blutleere
227. Leber - Wind mit extremer Hitze
228. Lunge - Qi Mangel
229. Lunge - Schleim-Feuchtigkeit in der Lunge
230. Lunge - Schleim-Hitze in der Lunge
231. Lunge - Schleim-Kälte in der Lunge
232. Lunge - Trockenheit der Lunge
233. Lunge - Wind-Hitze befällt die Lunge
234. Lunge - Wind-Kälte befällt die Lunge
235. Lunge - Yin Mangel
236. Magen - Blutstagnation
237. Magen - Feuer
238. Magen - Magenkälte mit Flüssigkeit
239. Magen - Nahrungsstagnation
240. Magen - Qi Mangel
241. Magen - rebellierendes Magen Qi
242. Magen - Yin Leere
243. Milz - Hitze und Feuchtigkeit befällt die Milz
244. Milz - Kälte und Feuchtigkeit befällt die Milz
245. Milz - Qi Mangel
246. Milz - Qi Mangel + Absinkendes MilzQi
247. Milz - Qi Mangel + Milz kontrolliert das Blut nicht
248. Milz - Yang Mangel
249. Niere - Herz und Niere kommunizieren nicht mehr
250. Niere - Jing Mangel
251. Niere - Nieren können das Qi nicht empfangen
252. Niere - Qi ist nicht fest
253. Niere - Yang Mangel
254. Niere - Yin Mangel